Contents

03 創刊特別インタビュー
ICT・IoT・ロボットで介護・訪問看護・在宅医療はどう変わる

04 Part 1　ロボットと人・社会の未来
石黒　浩 さん
ロボットで高齢者施設を"生きがいが見つかる場所"に
コミュニケーションロボットが高齢者から言葉を引き出す

06 Part 2　人工知能で変わる介護の未来
岡本　茂雄 さん
現場の経験知を学習したAIが介護の革新を加速させる
未来予測で利用者の自立を支援するAIプラットフォーム「CDI Platform MAIA」

特集1

08 専門家が教える
ICT・ロボットの基礎知識
介護・訪問看護・在宅医療現場で使いこなすための丸わかりガイド

総論
08 ICT・IoT・ロボットで変わる現場　●光城　元博 さん

介護システム
11 介護システムの基礎知識　●生田　正幸 さん

在宅医療・訪問看護システム
14 在宅医療・訪問看護システムの基礎知識
──多職種連携が進むICT活用　●遠矢純一郎 さん、片山　智栄 さん

見守り（センサー）
17 見守り機器・システム（IoT・センサー）の基礎知識　●紀伊　信之 さん

ロボット
20 福祉用具・介護ロボットに係る取り組み
──ロボットやICTの活用を促す新たな高齢者福祉　●五島　清国 さん

25 ICT＆ロボット製品ガイド
・導入事例　現場に＋（プラス）
26 社会福祉法人 南会津会 只見指定居宅介護支援事業所
28 社会福祉法人 東京聖新会
30 ・製品アルバム
eWeLL、エア・ウォーター、NTTデータ、コニカミノルタジャパン、富士通、エス・エム・エス、アドバンスト・メディア、インフォコム、ケアコム、パナソニック、日立ヘルスケアシステムズ、芙蓉開発、ワイズマン

特別企画

38 2018年度　診療報酬改定・介護報酬改定と
ICT・IoT・ロボット導入・活用のポイント
経営者＆管理者必読、押さえておきたいトピックを解説！

38 介護分野におけるICTの評価・活用　星野　公輔 さん
40 在宅医療分野におけるICTの評価・活用　大西　大輔 さん

特集2

42 地域包括ケアとICT活用
ICTでつながる医療と介護のこれから

42 地域包括ケアシステムとICT活用　小笠原映子 さん
44 埼玉利根保健医療圏が進める市民・地域による支え合いネットワーク「とねっと」
中野　智紀 さん
46 柏市で進むICTを使った長寿社会のまちづくり　木村　清一 さん

2018年10月7日発行

編集・制作：株式会社インナービジョン
〒113-0033
東京都文京区本郷3-15-1
TEL 03-3818-3502
FAX 03-3818-3522
http://www.innervision.co.jp

印刷　欧文印刷株式会社
（禁・無断転載）

画像 image IT information 革新 innovation

知りたいことは，ここにある。

インナビネットには，毎日新しい情報がある。

ヘルスケアEXPO
モダリティやIT製品 IoT製品，ロボットが 見られるバーチャル総合展示場

モダリティ・ナビ
医療機器の導入状況が 簡単にわかる

主要学会・展示会の取材特設サイト
JRC, RSNA 国際モダンホスピタルショウ 国際福祉機器展

inNavi Suite
主要モダリティメーカー の特設サイト

取材報告
学会・イベントなどの ポイントを速報

施設取材 導入事例
編集部が 徹底的にレポート

http://www.innervision.co.jp

インナビネット 検索

画像とITの医療情報ポータルサイト
innavi net

株式会社インナービジョン
〒113-0033 東京都文京区本郷3-15-1　TEL：03-3818-3502　FAX：03-3818-3522　E-mail：info@innervision.co.jp　URL：http://www.innervision.co.jp

創刊特別インタビュー

ICT・IoT・ロボットで介護・訪問看護・在宅医療はどう変わる

Part 1
ロボットと人・社会の未来
石黒　浩 さん

Part 2
人工知能で変わる介護の未来
岡本　茂雄 さん

私たちの日々の暮らしの中で、ICTやIoT、AIと呼ばれる技術の活用が進んでいます。新しい技術が築く社会や、介護・訪問看護・在宅医療の未来像を、ロボット研究者の石黒　浩さん、介護分野でのAI開発に取り組む岡本茂雄さんと一緒に考えましょう。

創刊特別インタビュー
ICT・IoT・ロボットで介護・訪問看護・在宅医療はどう変わる

Part 1　ロボットと人・社会の未来

ロボット研究の第一人者
石黒　浩さん
大阪大学 大学院 基礎工学研究科 教授（栄誉教授）
ATR 石黒浩特別研究所 客員所長（ATRフェロー）
科学技術振興機構 ERATO 石黒共生HRIプロジェクト研究総括

ロボットで高齢者施設を"生きがいが見つかる場所"に
コミュニケーションロボットが高齢者から言葉を引き出す

最先端のロボット研究で世界から注目されている石黒　浩さん。石黒さんは、人間にそっくりなアンドロイドや自分自身と瓜二つのジェミノイドの開発で広く知られていますが、高齢者支援にも活用できる対話ロボット「CommU（コミュー）」や遠隔操作型ロボット「テレノイド」など、多彩なロボットの研究・開発に取り組んでいます。高齢者支援におけるロボット活用、そして、ロボットと人、社会がかかわる未来についてお話をうかがいました。

「人間とは何か」を考えロボット研究に取り組む

石黒さん：僕はもともと、ロボットに興味があったわけではありません。大学で学んだコンピュータビジョン（画像認識）の研究を経て、ロボット研究に取り組み始めましたが、僕の根本的な興味は「人間とは何か」ということです。人間そっくりのアンドロイドも人間を理解するために開発したもので、多くのロボット研究プロジェクトの中の一つです。

さまざまなロボットのうち、高齢者支援での活用が期待できるのがコミュニケーションのためのロボットです。僕らが開発したテレノイドをはじめ、コミュニケーションロボットはすでに、高齢者施設に導入されています。

高齢者支援のためのコミュニケーションロボット

石黒さん：遠隔操作型のテレノイドは、国内外の高齢者施設での実験を通して、大きな効果があると実感しています。人間と認識できる必要最小限の見た目と動きを持つため、最初は怖いと思われることもありますが、実際にはすぐに慣れます。実験ではほとんどの対象者が抵抗感なく受け入れ、介護スタッフが操作するテレノイドとの対話を楽しみました。アンケートでは、自分の子どもと話すよりもテレノイドと話したいという回答の方が多かったのです。ロボットとの対話を楽しむことが、認知症予防にもつながると期待されます。また、抑うつ状態でふさぎ込んでいたり、普段は人と話せなかったりする認知症の方でも、テレノイド相手だと、愛着を示し、積極的に話しかける姿も見られ、その様子はテレビなどでも多く紹介されています。

CommUは、音声認識の機能を持ったコミュニケーションロボットです。複数のCommU同士が連携して対話し、そこに人間が参加することで、参加者は"会話をしている"と感じることができます。これまでは、音声認識の精度の問題で会話が途切れることがありましたが、音声認識を失敗してもあいまいに答えて、

創刊特別インタビュー Part 1
ロボットと人・社会の未来

参加者に質問を続けることで会話が破綻しないマルチロボット対話制御システムを開発し、NTTドコモと高齢者向けに共同研究を行っています。

ロボットを活用した高齢者のコミュニケーション支援は、認知機能の維持や改善が期待でき、ひいてはADLの維持・向上にもつながります。

介護現場へのロボット普及にはマーケットの確立が必要

石黒さん：僕らの実験に参加してくれた高齢者は非常に喜んでくれますし、スタッフも欲しいと言ってくれます。しかし、介護の現場というのは予算的に余裕がないため、なかなか導入に至らないのが実情です。補助金など国からの支援があっても、ずっと続けるわけにはいかないため、ロボットを開発・普及させるためには本物のマーケットが生まれる必要があります。そのためには、企業がビジネスチャンスととらえて投資するか、一般に広く使われるようなロボットを開発してから介護現場に導入していくか、いずれかの方法になるかと思いますが、後者の方が可能性は高いと考えています。

介護分野へのロボット普及には課題もありますが、高齢者支援におけるロボットの可能性を理解し、支援してくれる自治体も出てきています。宮城県は、実証実験への協力や、テレノイド導入に対する補助など、積極的に支援してくれており、自分たちのところから新しい取り組みを広げていこうとしています。

ロボットの助けを借りて誰もが生きがいを持てる未来

石黒さん：パソコンやスマートフォン、ロボットにより世の中は大きく変わりました。これらの道具を使うためには、今はまだ、人間が使い方を覚えて命令しなくてはなりませんが、コンピュータやロボットがもっと進化して、人間に気を利かせて動くようになれば、誰もがそれぞれの能力を発揮できるようになります。ロボットが人間の代わりに働くというよりも、人間がロボットを使って働きやすくなる未来が来ると思っています。

そんな未来がいつ来るかは、スマートフォンがこれほど急速に普及して人々の生活を変えるとは誰も予想していなかったように、はっきりとは言えません。3年後かもしれないし、30年後かもしれない。来るべき未来に向けて、いろいろなことに興味を持ち、新しいことにチャレンジする気持ちを持つことは大切です。

高齢者施設においても、ロボットの助けを借りることで、自分ひとりでできなくなったことをできるようになる、社会的な役割を果たせるようになることで、生きがいを持って過ごせることが理想です。ロボットによって引き出された能力を生かして、施設にいながら起業したっていい。もっといろいろな人が高齢者施設にいていいはずです。今は、高齢者施設が最期の場所のようになっていますが、ロボットを活用することで、もう一度社会貢献ができる場所、あるいは生きがいが見つかる場所になるといいですね。

（2018年8月20日取材）

石黒　浩 さん

1991年大阪大学基礎工学研究科博士課程修了。工学博士。2009年より大阪大学基礎工学研究科教授。（株）国際電気通信基礎技術研究所（ATR）石黒浩特別研究所客員所長（ATRフェロー）。科学技術振興機構ERATO 石黒共生HRIプロジェクト研究総括。2015年に文部科学大臣表彰、およびシェイク・ムハンマド・ビン・ラーシド・アール・マクトゥーム知識賞を受賞。近著に『アンドロイドは人間になれるか』（文春新書）。

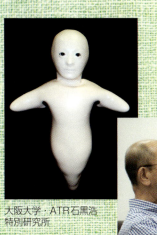

大阪大学・ATR石黒浩特別研究所

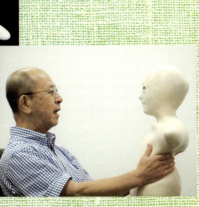

©ERATO石黒共生ヒューマンロボットインタラクションプロジェクト

＊テレノイド：人間のミニマルデザインをめざした遠隔操作型アンドロイド。男性にも女性にも、大人にも子どもにも見えるデザインにより、遠隔で話している相手など、任意の人を想像し、その人が目の前にいるように感じながら話すことができる

＊CommU（コミュー）：カメラ、マイク、スピーカーを搭載し、音声認識でコミュニケーションを行う、卓上型の社会的対話ロボット。ネットワークを利用した遠隔操作も可能

創刊特別インタビュー
ICT・IoT・ロボットで介護・訪問看護・在宅医療はどう変わる

Part 2 人工知能で変わる介護の未来

現場の経験知を学習したAIが介護の革新を加速させる

未来予測で利用者の自立を支援する
AIプラットフォーム「CDI Platform MAIA」

介護分野での人工知能（AI）開発を進める

岡本　茂雄さん
株式会社シーディーアイ 代表取締役社長

私たちの生活や仕事を大きく変える技術として注目されるAI。このAI技術を介護領域に活用するべく、アメリカの先端企業と連携し開発を行っているのが株式会社シーディーアイです。代表取締役社長の岡本茂雄さんは、介護分野での長い経験を生かし、介護現場の経験知をAIに取り込み、自立支援のための最適なケアプランを提示する「CDI Platform MAIA（以下、MAIA）」を開発しました。AIの活用は介護現場にどのような変化をもたらすのか。AIやロボットによる技術革新によって、今新たな"介護維新"の時代を迎えていると言う岡本さんにインタビューしました。

理想のケアマネジメントとは何かを突きつめて考える

岡本さん：われわれは、AIを使って最適なケアプランを提供し、高齢者の自立支援を行うMAIAを開発しました。しかし、決してAIありきで事業を行っているわけではありません。介護領域での製品開発の課題は、企業や開発者がまず技術ありきで考えるからです。私は介護分野での事業を通じて、最適なケアマネジメントのあり方を模索し続けてきました。その中で、AIによって理想とするケアマネジメントに到達できるのではないかと考え、米国の最先端のAI研究者と組んで開発を進めたのがMAIAを手掛けたきっかけです。

　最適なケアマネジメントのポイントは、個人の"自律"をめざすことです。介護されることは、感謝はすれども決してうれしいことではありません。やはり、人は自分のことを自分で決められる状態、自ら律することができる＝自律の状態が理想です。自律を維持するには、まず自分で動ける"自立"が重要で、それを支援する技術がロボットでありAIです。そして、自律のためには技術だけでなく、人による支援が不可欠で、両者をうまくつなげてサポートすることが重要なのです。この構造を理解せずに、技術シーズだけ投入しても、それは本当の支援にはつながりません。

AIがケアプランによる未来予測を提示

岡本さん：CDI Platform MAIAは、要介護認定やアセスメントなどのデータを基に学習したAIが、個別に入力された情報を基に3パターンのケアプランを作成し、同時にそのケアプランによる未来予測を提示します。通常のケアプランの作成では、ケアマネジャーがADL（Activities of Daily Living）やIADL（Instrumental Activities of Daily Living）でアセスメントを行い、自らの経験を基に利用者に最適と考えるプランを作成します。それだけに、ケアマネジャーの経験にも左右され、また、時間

もかかります。MAIAでは、要介護者の状態や症状を入力することで、ADLを改善する最適なサービスを選択し組み合わせて、自立支援のためのケアプランを提示します。

2017年11月から、愛知県豊橋市（佐原光一市長）で実証プロジェクトを行いました。プロジェクトに参加したケアマネジャーの方々の評価は、新人とベテランで大きく分かれました。ベテランのケアマネジャーは、自分の経験からAIのケアプランに批判的になるのではと思っていたのですが、MAIAのケアプランを認めていただいたのは逆にベテランの方々でした。経験の浅いケアマネジャーの方が頼りにするのではと考えていたので予想外だったのですが、それだけMAIAが作成するケアプランが、これまで蓄積された経験知を学んだ結果を反映しているのだと言え、手応えを感じました。

AIによる判断の蓄積が新たなケアプランを創る

岡本さん：MAIAの特徴の一つは、ケアプランを適用したときの未来予測を提示することです。ケアプランの作成では、最初に利用者の状態を正確に把握すること（アセスメント）が重要ですが、これまでは初期の状態は把握しても、加齢やサービスの適用による、その後の変化を予測して分析することは、それこそベテランのケアマネジャーでなければ難しいことでした。MAIAは蓄積された過去のデータを基に、サービスの利用によってADLがどのように変化するかを予測します。利用者の症状や要望によってサービス内容を変えることで、得られる未来の状態を示すことができます。これによって、ケアマネジメントにおいて最も難しい合意形成を支援できます。

現状では、MAIAは要介護認定の基本調査項目をベースにしたデータや既存のアセスメント手法をベースにしていますが、AIが解析したデータが蓄積されてくれば、それをベースにした新しいアセスメント体系なども構築できるでしょう。さらに、介護データだけでなく、特定健診や後期高齢者健診といった医療データ、利用者の意欲なども反映することを考えています。自立が可能になるかどうかは本人の意欲が重要ですが、現状のケアマネジメントでは意欲についてはほとんど考慮されていません。本人の意欲を反映させることで、より有効なケアプランが提案できると思います。

AIによるケアマネジメントの進化が介護に革新をもたらす

岡本さん：介護は今、大きな変革期にあると思います。2000年の介護保険制度の創設が最初の"維新"とすれば、AIをはじめとする最新技術が進化した現在は、ケアマネジメントや介護の革新に向けたさらなる変革の時です。AIが創るケアプランは古い制度に最適化するのではなく、技術革新によって進化するケアマネジメントに合わせて新しい制度を作っていくことが必要です。だからこそ、介護の革新が必要であり、"介護維新"をめざすべきなのです。

介護にかかわる方々には、この維新の動きに積極的に参加していただきたいと思います。医学の進歩は、常に新しい治療法がないかを模索し続けることにあります。同様に介護やケアマネジメントについても、現状にとどまるのではなく、自立支援のための最良の方法は何か常に考え、発信することが必要です。そういった現場からの発信が、逆に企業や開発者を巻き込んで、より良いシステムの構築につながると思います。それが介護分野の向上につながり、ひいては未来の介護を創ることにつながると確信しています。

（2018年8月1日取材）

株式会社シーディーアイ
〒103-0027
東京都中央区日本橋2-16-2
KDX日本橋216ビル3F
TEL●03-3516-2250
URL●https://www.cd-inc.co.jp
代表取締役社長　岡本　茂雄 さん
1983年東京大学医学部保健学科卒業。クラレ、三菱総合研究所、明治安田生命保険相互会社などを経て、2007年にセントケア・ホールディングス入社、執行役員。2017年3月、シーディーアイ設立。

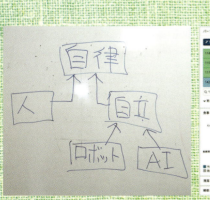  

▲AIプラットフォーム「CDI Platform MAIA」の画面

特集1

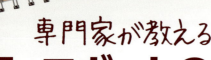

専門家が教える
ICT・ロボットの
基礎知識

介護・訪問看護・在宅医療現場で
使いこなすための丸わかりガイド

近ごろ、「介護と訪問看護、在宅医療でもICTやIoT、ロボットを活用しよう！」という声をよく聞きます。でも、「一体どんなことができるの？」「どんなふうに仕事が変わるの？」とギモンに思っている人も多いはず。そこで、専門家の皆さんに、詳しく基礎知識を解説していただきます。詳しい人も詳しくない人も、読めば納得の特集です！

総論

ICT・IoT・ロボットで変わる現場

ガイド●光城　元博 さん
一般社団法人 電子情報技術産業協会（JEITA）在宅・介護・見守りタスクフォース 主査

はじめに

日本が直面する超少子高齢・人口減社会に挑むためには、医療・介護現場の人材不足を補うICT・ロボットを活用した生産性の向上が必要です（図1）。また、科学的に自立支援などの効果が裏づけられた介護を実現するためには、リハビリテーションや栄養、認知機能などのデータ分析に基づく介護サービスの質の向上、いわゆる「科学的介護」の実現が望まれています。

　国はこれらの課題に応えるため、介護を支えるICT・ロボットの普及を推進しています。2018年6月に政府は、「未来投資戦略2018」を公表しました。本戦略では「Society5.0」「データ駆動型社会」への変革を掲げた上で、「次世代ヘルスケア・システムの構築」を重点分野として挙げており、「個人の健診・診療・投薬情報の共有」「認知症にやさしい製品・サービスの創出」などを目標としています。厚生労働省は「データヘルス改革」の中で、「自立支援を目指す科学的介護データベースの構築」「介護・認知症への人工知能（AI）適用」などを示しています。また、居宅サービス事業所におけるICT推進施策として、介護現場のICT導入促進、介護事業者間連携・医療介護連携の標準化・ICT化を進めています。国はこれらの運用を2020年までに開始するとしています。ひとくちに介護ロボットといっても、介護職の腰痛を軽減するロボットやコミュニケーションロボット、離床や転倒を検知する見守りロボットなどさまざまです。経済産業省と厚生労働省は、「ロボット技術の介護利用における重点分野」（図2）を示しています。

　ICTやロボットの普及により、介護職や家族の負担を軽減するとともに、自分でできることが増えて要介護度が下がっていく達成感を介護職・高齢者・家族が共に味わうことができる、ケア現場のパラダイムシフトが起きようとしています。

介護ICT・ロボット普及施策

2018（平成30）年の介護報酬改定では、ICT・ロボットに対する評価項目が新設されました。リハビリテーション専門職などが利用者宅を訪問することが難しい場合、ICTを活用した動画などにより、利用者の状態を把握した上で、助言を行うことが認められました。介護ロボットの活用の促進として、特別養護老人ホームに見守り機器を導入し、夜勤職員配置加算を算定する場合の人員要件の緩和が示されました。また、厚生労働省は、医療介護総合確保基金（介護分）メニューの一つ「介護従事者の業務効率化・負担軽減の推進」として、介護ロボット導入費用を補助する「介護ロボットの導入支援事業」を用意しています。

　自治体も独自の介護ロボット普及の取り組みを行っています。岡山市では、2014（平成26）年1月から全国初の事業として、市が指定する動物型ロボットや服薬支援ロボットのレンタル時の利

特集1 専門家が教える ICT・ロボットの基礎知識

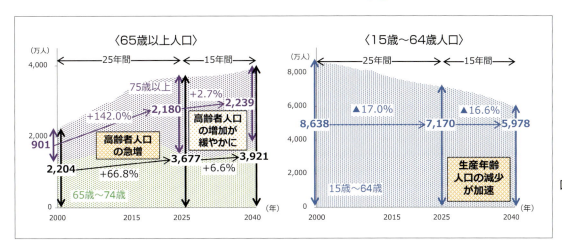

図1　2040年までの人口構造の変化
出典：第4回経済財政諮問会議（2018（平成30）年4月12日）

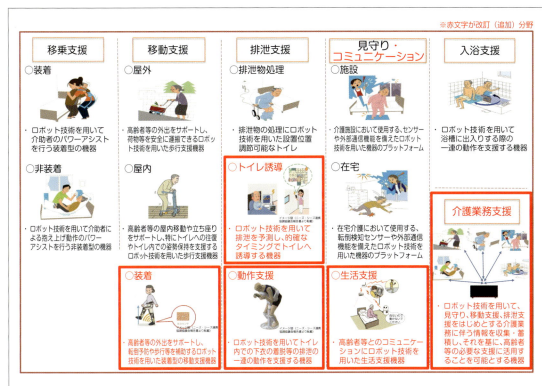

図2　介護ロボット重点分野
出典：未来投資会議 構造改革徹底推進会合「健康・医療・介護」会合 第1回（2017（平成29）年10月27日）

用者負担を1割に軽減する「介護機器貸与モデル事業」を実施しています。神奈川県では、介護・医療現場で介護ロボットを活用し、開発・改良促進を図るとともに、活用事例の蓄積・発表・見学会などを行い、導入の検討を支援することで、開発支援・普及促進を図ることを目的とした「介護ロボット普及推進センター事業」を実施しています。

JEITAの調査研究活動

一般社団法人電子情報技術産業協会（JEITA）では、2013（平成25）年度に国内のIT・機器を活用した遠隔在宅医療の活用事例を分析し、JEITA会員企業ならびに関係行政機関に対し、遠隔在宅医療普及のための制度上・運用上の課題についての提言を行うことを目的とした「ITを活用した遠隔在宅医療の実現のために～遠隔在宅医療検討タスクフォース（TF）活動報告書～」を作成しました。

本報告書では、健康維持、介護予防、認知症予防、在宅バイタル測定、服薬管理、リハビリテーション、口腔ケア、見守り、災害時など20例のユースケースを挙げた上で、それぞれの利用場所、世代、世帯構成、疾病レベル、提供価値、機能配置、処置機器・システム、演算要素などを調査し、とりまとめました。2015（平成27）年度は、国策や市場動向の変化に合わせて、組織名称を「遠隔在宅医療検討TF」から「在宅・介護・見守り検討TF」へ変更しました。

2018（平成30）年度は、報告書のタイトルを「IoTを活用した在宅医療・介護・見守りの実現のために」に改め、在宅介護などを支えるICT・IoT・センサー・ロボットの最新事例を調査し、

特集1 専門家が教える ICT・ロボットの基礎知識

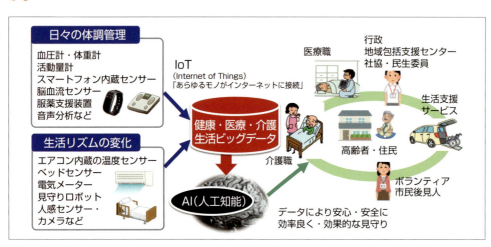

図3 ICT・IoT・ロボット活用による地域包括ケアシステム推進モデル案

改版を行っています。改版に向けた議論の中では、温度や人感など個々の環境設置型センサーが家電やウエアラブルセンサーとつながり、住宅全体へ広がることで「スマートホーム」となり、さらに地域へ広がることで、超少子高齢・人口減社会の課題を解決する姿もイメージしています。JEITAは、「スマートホーム部会」を設置し、「スマートライフ政策」を推進する経済産業省と連携して、家庭内の家電やセンサーなどの多様な機器で生活情報を収集し、健康、見守り、子育て、生活支援サービスの高度化を実現するために、データ項目やセキュリティ対策などを検討しています。

変わる現場、施設から地域へ

現在、施設介護を中心に進んでいるICT・ロボット化ですが、老老世帯や独居高齢者の増加に伴い、今後は在宅介護で利活用が進みます。つまり、国策「地域包括ケアシステム」に基づき、住み慣れた地域で自分らしい暮らしを人生の最期まで続けることができるよう、介護ICT・ロボットが支えるようになっていきます。例えば、家庭にある血圧計、活動量計、スマートフォン内蔵センサーなどによる「日々の体調管理」、エアコン内蔵の温度センサー、ベッドセンサー、電気メーター、見守りロボットなどによる「生活リズムの変化」などのデータをIoT（Internet of Things：あらゆるモノがインターネットに接続）により、健康・医療・介護・生活ビッグデータとして集めます。そして、人工知能（AI）で分析することで、増え続ける独居・日中独居世帯を限られた医療職、介護職、行政職員、民生委員、NPOボランティア人員でも、安全に効率良く・効果的に見守ることができるようになると考えます（図3）。

具体的な利用シーンとしては、AIのアドバイスを社会福祉協議会や自治会、NPOなどへICTで伝えて、梅雨明け時には、エアコンを嫌う高齢者に対して室内熱中症予防のエアコン利用の呼びかけを行ったり、強い寒気が予想される時には、高血圧の住民に対して入浴時のヒートショック（急激な温度差による失神や不整脈など）予防の声かけを行ったりすることを想定しています。人口減社会において地域の担い手が不足しても、見守り活動が維持できるよう、ICTが支援できればと考えています。

変わる日本、そして世界へ

技術の高度化だけでは、超少子高齢・人口減社会に対応できません。国民の意識改革も必要です。日本では医療・介護を迅速・安価に受けられるため、疾病予防や介護予防のためにお金を使いたがらない傾向があります。だらしない生活を続け、困ったら病院、救急車、行政サービスに頼ればよいという考えを改める必要もあります。消費者の過度な権利意識から来る医療・介護サービスの浪費により、社会保障費のツケを孫世代へ回しているという事実と向き合うべきです。そして、限られた社会保障資源を有効に分け合い、次世代のために国力を維持するための効率化ツールとして、ヘルスケア分野のICTやIoT・ロボット・AIを受け入れていく社会づくりが欠かせません。ICT・ロボットに精通した介護人材や、介護現場をよく知るコーディネーターなどの人材育成も不可欠です。さらに、人的なネットワークや多世代交流を通じて、お互いに支え合いながら介護予防や認知症予防、健康づくりに取り組む、地域共生型ケアシステムの創出と社会実装が必要です。

アジアや欧州などの諸外国は、超高齢社会先進国である日本が、介護や認知症の問題をどのように乗り越えるか、注目しています。うまく乗り越えることができれば、日本型介護モデルとICT・ロボットがセットでまるごと輸出できます。日本の介護ICT・ロボットが世界の高齢化問題を救い、日本を豊かにすることを願っています。

光城　元博 さん
ロボットメーカー、医療機器商社などを経て、日立製作所入社。同社ヘルスケアビジネスユニットに勤務。産業界活動としてJEITAのほか保健医療福祉情報システム工業会（JAHIS）医療介護連携WGリーダーなどに従事。上級医療情報技師、診療情報管理士。

介護システム

介護システムの基礎知識

ガイド●生田　正幸 さん
関西学院大学 人間福祉学部 人間福祉研究科 教授、日本福祉介護情報学会 代表理事

介護システムとは

介護システムとは、介護サービスを提供し支援を行う際に利用されている多種多様な情報システムの総称です。

代表的なものとしては、①国や都道府県、市町村などが介護サービスを運営するために利用している行政系システム、②介護サービスを提供している入所施設や居宅サービス事業所などが、サービス提供のために利用している事業所系システム、③居宅や入所施設などで要介護者の自立支援や介護者の負担軽減などのために利用されている生活支援系システム、を挙げることができます（図1）。

このうち行政系システムは、介護保険制度の給付費を請求・審査・支払いするため各都道府県の国民健康保険団体連合会（国保連合会）とサービス事業者、市町村をつないでいる国の「介護保険事務処理システム」、市町村などがそれぞれの地域の介護保険制度運営のために導入している被保険者資格管理や保険料納付記録管理、要介護認定などのシステム、そしてサービス事業所の情報開示を行っている国の「介護サービス情報公表システム」などから構成されています。

事業所系システムは、サービス事業所の業務を支援するためのシステムで、ケアマネジメント支援、利用者管理、サービス提供記録、職員勤務管理、介護給付費請求、預り金管理など、事業所の種別と業務内容に沿ったさまざまなシステムが多数のソフトウエアベンダーから販売・提供されており、各事業所が導入しています。

生活支援系システムは、要支援・要介護者の生活の見守りや事故などの防止、緊急通報、コミュニケーション支援のためのシステムや機器などが主なものですが、最近では、孤独感の軽減やコミュニケーション手段としてのペットロボットやコミュニケーションロボット、人手不足対策や介護負担軽減のための介護ロボットも注目を集めています。

介護システムの現状

2000年4月に施行された介護保険制度が、情報システムの活用を前提にしていたこともあり、介護システムは、要介護認定、請求・審査・支払い、ケアマネジメント支援など、介護保険制度を運営するためのシステムを軸に普及・発展してきました。

近年では、介護人材不足対策としてICT化による業務の効率化・生産性向上が推進されていることから、事業所系システムが脚光を浴びています。また、要支援・要介護の高齢者が住み慣れた地域・住み慣れた自宅で安心・安全に暮らし続けられるよう生活支援系システムへの期待も高まっています。地域包括ケアの推進に伴って、地域社会における情報の共有を促進するため、医療や保健など関連する情報システムとの連携も重要な課題です。

今日の介護サービスは、介護システムなしには成り立たないと言っても言い過ぎではありません。拡大し多様化する問題、人手不足や増大する業務に対応し、効果的で効率的な介護サービスの提供を行うためには、情報システムの活用が不可欠なのです。いくつか例を挙げてみましょう。

事務処理の効率化

利用者に介護サービスを提供した対価として、居宅介護サービス費、施設介護サービス費などの介護給付費が、毎月、各都道府県の国保連合会を通して介護保険者（市区町村・広域連合）から介護サービス事業者に支払われています。

国民健康保険中央会の集計によれば、2017年度の介護給付費の総額は10兆6672億円、うち介護保険による給付

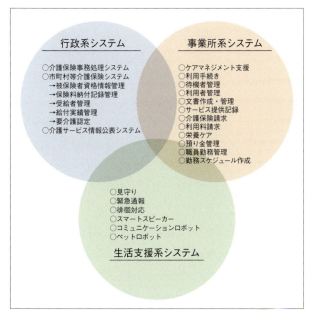

図1　介護システムの構成

は9兆3780億円、サービス件数は1億6514万件でした[1]。平均すると、1か月あたり1375万件のサービスが行われ、7815億円が介護保険制度から支払われたことになり、年を追うごとに件数も金額も増大しています。

この膨大な請求・審査・支払い業務を処理するには、件数の多さに対応するだけでなく、請求の誤りや不正を防止しなければならず、事業者の安定した経営のためにスピーディな対応も求められます。事務処理に要する費用も抑えなければなりません。

つまり、いかに効率化するのかがポイントになります。冒頭で紹介した国の「介護保険事務処理システム」は、事業所からの請求を電子化し、市町村などの審査業務や支払いを情報システムにより支援することで、こうした課題への効率的な対応を実現しており、介護保険制度を支える重要な柱となっています。各事業所で介護給付費の請求など運営・管理のために利用されているシステムも、事務処理や業務の効率化に大きな役割を果たしています。

サービスの質を支える

サービス提供の場で利用されているシステムには、業務の効率化に加え、サービスの質の維持・向上を支援する役割が求められます。

サービスを提供する上で、利用者の状態を的確に把握し、ふさわしい対応を行うことは、利用者本位という点からも、サービスの質という点からもきわめて重要です。そのためには、要介護度やケアプランの目標、サービス利用状況、日々の生活や健康・医療など利用者の状況を適切に把握し、関係者間で共有・活用できる環境を整えておかねばなりません。

こういった情報を紙媒体で取り扱っている場合、作成、保管、検索、共有、フィードバックなどにかなりの手間とコストがかかります。多数の利用者の長年にわたる情報を保管しておくためには多くのスペースが必要ですし、その中から必要とするものを探し出すのは大変な手間です。関係者間で情報を共有しようとする際には、コピーを取ったり抜粋したりしてからFAXや郵送、手渡しなどで届ける手間もかかります。

紙媒体への依存が強いほど、手近にある限られた情報だけに頼って経験主義的な対応を行うリスクが大きくなり、担当スタッフへの属人的な依存や負担も大きくなってしまいがちです。

利用者管理やサービス提供記録の作成・管理などサービス事業所で利用されているシステムは、情報をデジタル化することで、こうした手間とコストを省き、必要とされる情報を有効に活用できる環境を実現することができます。

先ほど述べたような利用者に関する情報に加え、日々のサービス提供、やりとりの中で起こった出来事や対応の状況、気づきなどを、職種や担当、事業所の壁を越え、時間や場所に邪魔されることなく共有し活用することで、関係者間の連携の推進、根拠を踏まえた利用者本位の効果的で効率的なサービス提供、サービスの質の向上や維持などを、より強力に推進することが可能になります。

もちろん、情報システムを導入すれば、これらのことがすぐに実現できるわけではありません。異なる情報システムが利用されている場合は相互のデータ連携が必要になりますし、積極的に情報を活用する業務のあり方をスタッフや事業所、地域でつくり上げていく必要もあります。

生活を支え守る

在宅の要支援・要介護の高齢者や介護を行っている家族にとって、自立した生活の維持や介護負担の軽減は、切実な問題です。独り暮らし高齢者の安否確認や緊急時の通報・対応、転倒・転落、徘徊などの防止・検知に対するニーズも拡大しています。人手不足に直面している施設でも、利用者の安心と安全を守り、スタッフの業務負担を軽減するための対策が求められています。

こうしたニーズに対応する際の基本になるのが「見守り」です。見守りは、24時間365日の対応を行わなければならない場合や生命にかかわる場合も多く、対象となった人のプライバシーや尊厳にも十分な配慮が必要となる支援です。しかし、人手だけで見守りを継続的に行うのは、労力や人材確保の点から容易ではありません。異変や異常を見落としたり見過ごしたりすることも珍しくないのです。

そのため見守りにICTを活用する取り組みが早くから行われてきました。すでに、1980年代後半には、独り暮らし高齢者などのための電話などを利用した緊急通報装置の給付・貸与が、国の日常生活用具給付等事業の一環として開始されています。

その後、センサー類の進化と普及、インターネットや携帯電話など通信ネットワークの拡大、情報システムの発達によって、見守りを行う環境は、めざましく進歩しました。

今日では、電気やガス、水道、湯沸かしポットの使用状況、居宅内での動き、ベッドでの状態、歩行・身体・排せつなどの状況、所在などに関する情報を各種のセンサーで把握し、異変や異常があれば警告・連絡したり、支援者を差し向けたりするサービス・製品が数多く開発・提供され、より高度な見守りが可能になっています。

介護システムを活用した見守りは、ICTと情報の活用によって実現された生活支援であり、要支援・要介護の状態にある人々の日々の生活を支え守るだけでなく、介護に携わる人々の働き方や暮らし方、介護のあり方・支援のあり方も変えつつあります。

介護システムの課題

以上の例を見るだけでも、介護システムが、効果的で効率的な介護サービスの提供を行う上で、いかに大きな役割と可能性を担っているかがわかると思います。

しかし、介護システムの活用をめぐる課題も少なくありません。サービス提供の現場では、システムの導入・運用を担える人材や資金の不足、経営者・スタッフの理解を得られないなどといった問題に直面しているケースが見られます。紙媒体からデジタルへ移行することへの抵抗感、パソコンなど情報機器に対する苦手意識、データ入力に対する煩雑感、業務の余裕のなさ、人手不足などのため、せっかく導入したシステムを十分に活用できていない場合もあります。

導入や運用について、第三者的な立場から助言・支援できる窓口や機関が皆無であることも課題と言えるでしょう。

また、先ほども少し触れましたが、介護サービスに関連して多種多様なシステムが存在しているため、システムの連携ができない場合やデータに互換性がない場合が多く見られます。開発・販売元の異なる事業所系システムや医療機関の情報システムとの間などで起こっている問題で、地域包括ケアの推進に伴って地域で要介護者に関する情報を共有したり連携しようとしても、情報などが標準化されていないため、情報システムとしての対応が難しいという状況に陥ってしまいます。

介護システムの今後

介護システム、特に事業所系システムと生活支援系システムについて、社会情勢や政策動向、ICTの発達に伴う新たな動きが活発になっています。

最も注目されているのは、ケアプランの作成に人工知能（AI：Artificial Intelligence）を活用しようとする試みでしょう。利用者のニーズやサービス利用に関する大量のデータを学習させたAIに、より効果的で効率的なケアプランの作成を支援させようという取り組みです。まだ乗り越えなければならない課題も多く見られますが、開発と実用化が急速に進んでいます。

音声認識も期待されている技術です。サービス提供記録を作成する際などに、キーボードを使わず音声で文章を入力できるようになるため業務省力化への貢献が期待されています。

また、音声認識とAIと組み合わせたスマートスピーカー[*1]は、インターネットに接続されたマイク内蔵のスピーカーに話しかけると、AIが音声で質問に答え、指示に従って音楽の再生やニュース・天気予報・書籍などの読み上げ、商品購入、電灯やテレビなど家電製品のコントロールといったことが行えます。すでに一般家庭に普及し始めていますが、今後いっそうの高機能化が見込まれ、高齢者世帯の生活支援や見守りの有力な手段になっていくと見られます。

センサーとIoT（Internet of Things：アイオーティ）[*2]の組み合わせにより、さまざまな場所や場面で情報システムによる見守りができるようになったため、見守りに対する考え方も大きく変わりつつあります。スマートウォッチの進化と普及により、歩行や心拍、血圧、睡眠などの状態を常時測定し通信ネットワークを経由して集積することが可能になったことから、多くの人の活動状態や健康状態に関するデータを大量に集め（ビッグデータ）、ヘルスケア情報として活用しようとする動きも活発です。

介護サービスの現場で使用される情報システムについては、クラウドサービス[*3]の利用が増え、SaaS（Software as a Service：サース）[*4]への移行が進んでいます。使用される端末も、パソコンからスマートフォンやタブレットへと移行しつつあります。医療機関や他事業所の情報システムとの連携とデータ共有のためのデータ標準化への取り組みも始まっています。

まとめに代えて

このように、介護システムの活用と発達により、介護サービスをめぐる環境は大きく変わりつつあります。日々のサービス提供などを通して得られた情報は、利用者のために使われるべきものであり、そうしたことを可能にし、推進するのが情報システムの役割でもあります。サービス提供記録をはじめとする情報のデジタル化を図り、より良い介護サービスのために情報を積極的に共有し活用することは介護の業務改革にほかならないのです。

【注釈】
*1 スマートスピーカー：音声によりAIアシスタント機能を利用することができるスピーカー。AIスピーカーとも呼ばれ、グーグルやアマゾン、LINEなどが開発・販売している。
*2 IoT：「モノのインターネット」と言われ、センサーなど多様で多数のものがインターネットにつながり、情報交換することによって互いに制御し合う仕組み。
*3 クラウドサービス：データを保管するストレージやソフトウエアを格納するサーバ、ソフトウエアなど、コンピュータを利用するための資源（リソース）をインターネットを経由してユーザーに提供する仕組み。
*4 SaaS：従来パッケージとして購入していたアプリケーションソフトウエアの機能を、インターネット経由でサービスとして提供・利用する仕組み。手元のパソコンにソフトウエアをインストールする必要がないため、システム導入時や制度改定の際のシステムメンテナンスが大幅に軽減され、安いランニングコストで利用できることから普及が進んでいる。

●参考文献
1) 国民健康保険中央会ホームページ（https://www.kokuho.or.jp/）

生田　正幸 さん
福祉・介護分野におけるICTや情報の活用について、社会福祉の立場から研究を続け、実践現場における取り組みに注目しています。福祉・介護分野のICT化・情報化の最新ニュースをツイッターで発信中です。@JISSIx1で検索してください。

在宅医療・訪問看護システム

在宅医療・訪問看護システムの基礎知識
―― 多職種連携が進むICT活用

ガイド● **遠矢純一郎** さん　医療法人社団 プラタナス 桜新町アーバンクリニック 院長
　　　　片山　智栄 さん　医療法人社団 プラタナス ナースケア・ステーション 所長

はじめに

当院が所在している東京都世田谷区は人口90万人、高齢化率20.1%〔2017（平成29）年〕とかなり大規模な都市であり、23区でも最大の住宅街です。区内には地域包括支援センターが27か所あり、居宅介護支援事業所230か所、訪問看護ステーション60か所に及びます。そのため、なかなか「顔の見える関係」を構築することが難しく、その分医療と介護の方向性を合わせていくための密なコミュニケーションや相互の情報共有が必要でした。情報共有にはICT化が欠かせないと考え、おりしもスマートフォンやタブレット、クラウドシステムなどが普及し始めた時期でもあったため、これらを最大限活用することで、在宅医療というモバイルな現場に即したシステムの構築をめざして、システムづくりや地域への普及活動などを行ってきました。

今回はその経験を基にICT地域連携システム活用のための工夫や課題について述べたいと思います。

在宅医療・介護連携における課題

病院医療と比べて、在宅医療には当然ながら、その方の生活を支えるという視点が重要となります。特に、退院直後などで不安定な体調を抱える方へのケアは、医療的なアセスメントが欠かせません。病歴や薬歴などの基本的な情報はもちろんのこと、在宅でかかわる中で経時的に変化していく病状や身体機能、認知機能の状況についても相互に共有し合うことが、より適切なケアへの必要条件と言えるでしょう。

しかしながら、それは容易なことではありません。まず、ご承知のように在宅医療では患者さんごとに異なるさまざまな多職種がかかわる上に、各々別々の事業所であるため、こちらからの情報を届けるためには、一人の患者さんごとに異なる数か所の事業所あてに送付せねばならないことになるからです。加えて、自院の訪問記録を書かねばならない上に、個々の職種あてに情報提供書を作成するには、それだけでかなりの作業時間を消費してしまいます。情報提供にそれほどの手間がかかるようでは、ずっと継続していくことが難しいでしょう。すでに全国的に、各地でさまざまな「ICT地域連携システム」が導入され運用されていますが、その多くが「ほとんど機能していない」のが現状とのこと。自分たちの診療やケアの内容を他者に伝達するのは、日常業務にも追われている中でなかなか手が回らないというのが正直なところで、それはどの職種においても同じことと思います。

ICT地域連携システムの運用や継続が難しいのは、実はICTリテラシーとかセキュリティやコストなどよりも、この「手間」の問題が大きいのではないかと思います。いくらお金をかけた素晴らしいシステムであっても、使う側が多くのエネルギーを要求されるようでは、意義は理解しつつも、続けていくことが難しいのです。

ICT地域連携システムについて

そこで当院では、院内の情報共有の仕組みをさらに広げて、地域の医療チームとの情報共有にスマートフォンやクラウドシステムが応用できないものか検討を重ねました。在宅医療や介護は外で仕事をすることがほとんどなので、いわゆるモバイル環境に適応したシステムであることが求められます。在宅医療や訪問介護を支えるのは、そのほとんどが少人数の小規模な事業所であるため、新たなハードウエアへの投資が必要ないように、手持ちのパソコンやスマートフォン、さらには普通の携帯電話からでもアクセスできるようなシステムでなければなりません。加えて何より重要なことは、日々の情報共有をずっと継続していける持続可能性にあると思います。在宅医や訪問看護師、ケアマネジャーなど、在宅医療と介護にかかわる各職種は日々忙しく、かつ記録に追われているので、そんな中で連携のための記録を別途作成することは、さらなる負担を強いることになってしまい、早晩継続していくことが難しくなるでしょう。ICT化とは本来、業務を効率的に省力化するためにあるはずです。

そこで当院では、毎日の診療記録をそのまま地域連携システムに転記するようにしています。在宅医、訪問歯科医、訪問看護師、訪問薬剤師、セラピスト、訪問栄養士、ケアマネジャー、介護士などそれぞれの職種が日々作成する記録には、実施したケアや診療の内容はもちろん、各々の視点で得られた所見やアセス

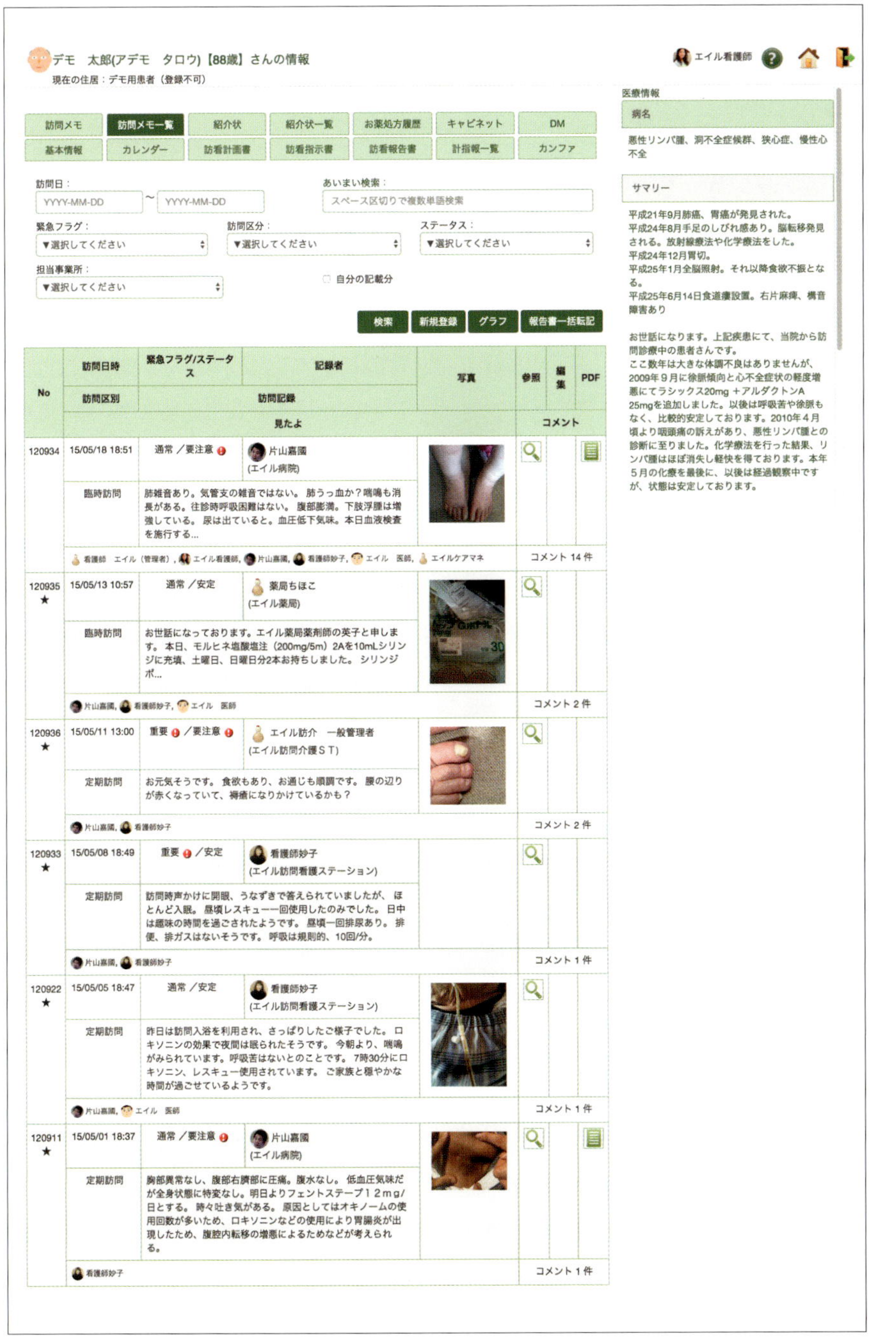

特集1　専門家が教える ICT・ロボットの基礎知識

図1　多職種で情報共有できるエイル
（エイルホームページ：http://www.eir-note.com）

体と個々の職種における課題も見えてくるものなのです。その意味でも、こうした医療と介護における情報共有は、その方にかかわるすべての職種が参加し共有できるような場とすべきであると考えています。もちろん、それを決めるのは患者さん本人であり、情報共有についての意思確認を行い、承諾を得た場合のみ許されることであるのは言うまでもありません。

もし、施設内の記録システム（電子カルテや看護・介護の記録システム、薬局の薬歴管理システムなど）と地域連携システムの間でシステム間連携ができれば、情報共有にかかる負担を大幅に減らすことができるでしょう。当院で使用しているクラウド型地域連携システム「エイル」では、すでに複数の電子カルテや看護・介護の記録システム、さらに、薬局の服薬管理システムなどとの連携を実現しています（図1）。今後、こうしたシステム連携やデータの二次利用は、さまざまな場面でICT化のメリットを享受する機会をもたらしてくれるでしょう。システム選びの際には、そうした視点も検討材料に入れておくべきだと思います。EIRでそれが実現しているのには、EIRは情報共有の目的でのみ存在しているシンプルなシステムであり、特定の電子カルテや介護支援システムのオプション的な位置づけではないという背景があります。そのおかげで、さまざまなメーカーのシステムと連動することが可能となっています。

当院では、情報共有のために診療記録が連携システムにも転用されることを意識して、普段の記録を書くように心がけています。さまざまな職種が理解しやすいように、できるだけ日本語で書くことや、患者さん本人とご家族への病状説明、治療や看取りの方針について話し合った詳細を記録に残していますし、また、必要に応じて訪問看護師やケアマネジャーに向けたコメントや指示なども含

メント、そして、患者さん本人やご家族のお気持ちなど、ナラティブな情報を含んでいます。それぞれの職能から得られたこうした情報は、各々で完結することはなく、その方の一つの側面を見ているに過ぎません。医療や看護、介護の情報がつながることで、情報が多面的になり、病状やケアニーズ、患者さん本人やご家族のお気持ちなどの全体像が浮かび上がってくるでしょうし、そこから、全

特集1 専門家が教える ICT・ロボットの基礎知識

めて記述しています。実際、記録を共有している訪問看護師や薬剤師からは、「診療の記録が共有されることで、患者さんの病状や説明の詳細がわかるので、看護計画に生かすことができる」「処方の経緯や意図が把握できるので、より具体的な服薬支援ができる」などの評価をいただいています。

ICT地域連携システム運用のポイント

もう一つ、ICT地域連携システムの構築に欠かせない要素として、ヒューマンネットワークの大切さを実感しています。リアルな病診連携においても、しばしば「顔の見える関係づくり」のための合同カンファレンスや懇談会が開催されるように、やはり連携先の方々の人となりや専門性などがわかり、いわゆる「顔見知り」の関係になると、連携がよりスムーズで双方の意思が反映されやすくなることは言うまでもありません。そしてこのことは、ICTネットワークによる連携においても同じことが言えるでしょう。そういった地域のヒューマンネットワークがないところに、ICT地域連携システムを無理やりはめ込もうとして、結局思ったような利用がなされず、宝の持ち腐れになってしまっていることがあります。ICTネットワークをつくれば地域連携は活性化されるというのは、残念ながら幻想にすぎないと思います。まずはしっかり、在宅医と地域の看護や介護の連携先との間の良好な関係性を築くことに尽力することが、より質の高い在宅支援のためのチームワークにつながっていくでしょう。ICT地域連携システムは、あくまでそれをより円滑に動かすためのツールにすぎないのです。

もちろん、こうしたICT連携システムを地域全体で利用していくには、まだまだ多くのハードルがあります。ICTリテラシーの問題やセキュリティ、個人情報保護への危惧など、通常の紙ベースの連携ではあまり意識することもなかったような不安や難しさが生じます。当地でも、システム開設からの1、2年はなかなか利用者が広がらないという状況に陥りました。そこで、登録のない事業所に出向いていき、端末へのインストールや使い方を教えるコーディネーター役を立てて普及活動を行ったところ、一気に利用先が広がったという経験があります。地域の事業者全員を集めての講習会より、一つひとつの事業所に対して行う方が結果的に利用率は高まることを実感しました。普及や利用者が伸び悩んでいるような地域では、そのような方策をとってみられてはいかがでしょうか。

そして、徐々にシステムの登録者が増えてきたら、次はシステム上でのやりとりを活発化させるフェーズに入ります。もはや、ほとんどの人が日常生活の中でもメールやLINEなどでつながり、頻繁にメッセージを交換し合う中で、ICTリテラシーのことはあまり問題にならないでしょう。しかしながら、普段からそうした関係にない人同士がやりとりをする場合、しかも、相手が医師や看護師となると、介護職の方々は少なからずプレッシャーを感じるのではないでしょうか。そこで、ぜひまずは医師の側から呼びかけてみてください。そして、多職種が求めている情報をしっかり共有する姿勢を見せていくことが、きっと地域における多職種連携を促進するためのカルチャーを醸成していくと言っても過言ではないでしょう。

まとめ

以上、地域連携やチームケアの視点でのICT活用を当院での経験から書かせていただきました。正直これらはすべてうまくいっているわけではなく、いまだにいろいろな壁にぶつかりながら模索を続けているという状況であり、まだまだ人前に出せるものではありませんが、少しでもご参考になれば幸いです。繰り返しになりますが、こと情報共有については、まず医師自らがその姿勢を示すことが肝要であること、連携先も含めたメンバーの発言にはできるだけ反応すること、そして、こういうやりとりを通じてどんな発言でも受け入れられる安全な場なのだというカルチャーを醸成していくことなど、チームコミュニケーションの基本を意識しながら全員で育てていくようなマインドで取り組むことが重要です。ICT化の前にぜひ、そうしたチームコミュニケーションが活発になされるにはどうあるべきかを、地域のメンバーと語ってみてはいかがでしょうか。

遠矢純一郎 さん
鹿児島大学医学部卒業後、鹿児島大学医学部第3内科入局。2000年に用賀アーバンクリニック副院長、2004年に在宅医療部を設立して、2009年に桜新町アーバンクリニック院長に就任。東京都世田谷区を中心とした在宅医療を実践している。日本内科学会総合内科専門医、日本在宅医学会指導医。日本認知症学会、日本緩和医療学会に所属。スウェーデンのカロリンスカ大学認知症ケア修士を取得。

片山 智栄 さん
防衛医科大学校高等看護学院卒業。防衛医科大学校病院消化器外科、ICU・CCU、一般企業の企業事業部を経て、医療法人社団プラタナス勤務。経営企画室医療連携担当マネジャーとして在宅訪問診療部門の医療連携構築や仕組みづくり、健診事業、また、訪問診療同行看護師として在宅医療の現場に従事する。2012年に同法人のナースケア・ステーションを設立し、訪問看護ステーションの所長として主に在宅ホスピス緩和ケアや認知症ケアを中心に従事。2017年に看護小規模多機能型居宅介護ナースケア・リビング世田谷中町を開設し、現在に至る。

見守り（センサー）

見守り機器・システム（IoT・センサー）の基礎知識

ガイド● 紀伊　信之 さん
株式会社日本総合研究所 リサーチ・コンサルティング部門 高齢社会イノベーショングループ 部長

「離床」だけではなく、いろいろなものがセンサーでわかるように

人手不足が深刻化する介護の現場において、注目されているのがセンサーやIoT（Internet of Thingsの略。さまざまなモノがインターネットにつながる仕組み）を活用した見守り機器・システムです。

これまでも、介護施設において入居者がベッドから離れたことを知らせるマット型などのセンサーが用いられることは少なくありませんでした。最近は、技術の発達により、ベッドからの離床以上に、実にさまざまなことがわかるようになってきています。例えば、居室での入居者の動作に加えて、ベッド上で眠っているかどうか、呼吸の乱れはないかといった体調にかかわることもセンサーでつかむことができるようになっています。

夜勤でのセンサーの活用が介護報酬で評価

2018年度の介護報酬改定でも、特別養護老人ホームやショートステイの「夜勤職員配置加算の取得条件の緩和」という形で、見守り機器・システムの導入が評価されるようになりました。具体的には、見守り機器を入所者数の15％以上に設置している場合、通常は夜勤職員の最低基準＋1名分の配置が必要な「夜勤職員配置加算」が最低基準＋0.9名分の配置で取得できるようになったのです。現時点での金額的メリットは大きいとは言えないかもしれませんが、施設のセンサーや見守り機器が介護報酬に位置づけられたのは初めてのことであり、画期的な動きです。ICT機器の活用により、少しでも介護業界の人材不足を緩和しようという政策の表れだと言っていいでしょう。

何より、これらの見守り機器・システムはうまく活用することができれば、加算取得コストの低下以上に、介護施設で働く人たちにとって、そして、入居者の方々にとって、非常に大きなメリットをもたらします。

具体的な機器・システムをご紹介しながら、どのような活用の仕方があるか、どのようなメリットがあるかを見ていきましょう。

Neos+Care（ネオスケア）（ノーリツプレシジョン）

1. センサーによる転倒・転落につながる危険動作の察知

ノーリツプレシジョンのNeos+Care（ネオスケア）は、転倒・転落事故につながりやすい危険動作を個別に察知し、スタッフの持つモバイル端末に通知が送られるシステムです。

従来の離床センサーは「ベッドから離れた後」に通知が鳴るため、スタッフが駆けつけても転倒・転落を事前に防ぎ切れないという限界がありました。これに対して、このシステムではセンサーにより、人の動きを正確に判断できるため、転倒・転落につながる「予兆動作」（起き上がり、端座位、柵越えなど）を検知することができます。また、通知を受けたスタッフ側では、プライバシーに配慮したシルエット画像による動画で居室の様子を知ることができるため、いち早く適切な対処を行うことができます。

実際、このシステムを導入した10施設49名では、導入前後で転倒の回数が半減する効果を生んでいます（平成26年度ロボット介護機器導入実証事業）。

ケアサポートソリューション（コニカミノルタ）

入居者の「見守り」にとどまらず、センサー、スマートフォン、記録システム、ナースコールの一体的なソリューションで、介護現場のワークフロー全体の変革をめざすのが、コニカミノルタのケアサポートソリューションです。

1. センサーとカメラによるタイムリーな居室の状況把握

介護施設では、スタッフの人数が少ない夜勤の際などに、ある居室でのケアの最中に、ほかの入居者からのコールが鳴ることも珍しくなく、駆けつけ業務（コール対応）に関するスタッフの負担は小さなものではありません。

これに対し、このソリューションでは、天井に設置した赤外線カメラとセンサーにより、入居者の「起きる」「離床」といった行動、「転倒・転落」のような事故、胸の微小な動きの変化からわかる異常などを察知し、スタッフが携帯するスマートフォンにお知らせが飛ぶ仕組みになっています（図1）。

ポイントは、ナースコールが押された場合や、上記の通知が届いた時に、カメラがとらえた映像によって居室の様子がスマートフォンで確認できる、という

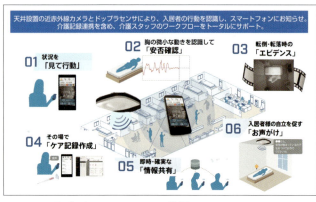

図1 ケアサポートソリューションの仕組み

図2 眠りScanのマットレスの下に敷くセンサー

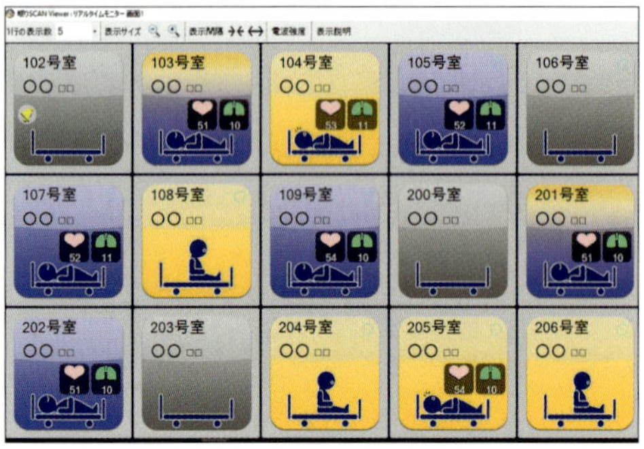

図3 パソコンから入居者の状態を確認

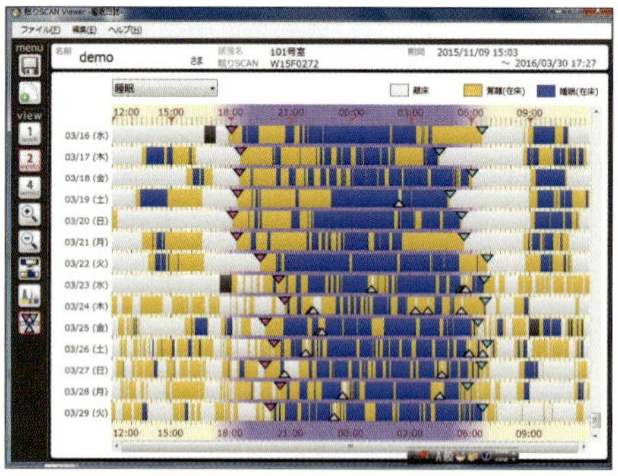

図4 「睡眠日誌」で睡眠や生活の状況をグラフ化

点にあります。映像によって「本当に居室にいくべきなのかどうか」を判断することができるため、居室への無駄な移動・訪問をなくすことができ、スタッフの負荷の軽減に役立つことが期待されます。

実際、ある介護施設では、日勤、夜勤ともにコール対応や駆けつけなどの居室への訪問回数が大幅に減る効果が出ているそうです。興味深いのは、同時に、居室へ訪問した後の1回あたりのケア時間が長くなっていることです。「ほかの居室で何かあってもスマートフォンに通知が来る」ことがわかっているため、スタッフは安心して目の前の入居者に向き合ってケアを行うことができるようになったのでしょう。夜勤スタッフの業務負荷が軽減したことにより、夜勤スタッフを1人減らし、その分日勤帯にスタッフを手厚くして、日中のケアやアクティビティを充実させる事例も出てきているそうです。

さらに、万が一、転倒・転落事故が起きた場合には、その映像が記録として残るため、従来、推測することしかできなかった実際の経過がわかり、ご家族への説明や再発の防止に役立てることができます。

2. ケア業務のワークフロー改革

スタッフが携帯するスマートフォンは、居室の様子を知るためのツールであるだけでなく、「介護記録・共有システム」となっており、ケア記録の入力がその場でき、ほかのスタッフにも共有できるようになっています。

加えて、導入時のスタッフ教育や導入後の業務改革の支援サービスなど、「ソリューションを使いこなすためのサービス」が充実していることも同社の特徴と言えるでしょう。導入した施設同士で情報交換が行えるユーザー会にも力を入れています。

眠りScan（パラマウントベッド）

1. 入居者のリズムに合わせたタイムリーなケア

パラマウントベッドの眠りScanは、睡眠をはじめとする「ベッド上の動き」にフォーカスした見守りシステムです。

このシステムでは、ベッドのマットレスの下に敷いたセンサーによって、睡眠状態、呼吸、心拍などを計測でき、センサーで得られた入居者の状態が、パソコンや各自の携帯端末でリアルタイムに表示されます（図2）。スタッフ側はパソコンなどの端末で、それぞれの入居者が「寝ているのか、ベッド上にいるが起きているのか、ベッドから離れているのか」を、一覧で確認することができます（図3）。そのため、夜勤の際の巡視の負担が軽減されるとともに、「この方は今起きていらっしゃるから、このタイミングでおむつ交換をしよう」「この方は今眠り始めたところだから、無理に起こさないようにしよう」といったように、入居者ごとの睡眠のリズムに合わせたタイムリーなケアを行うことができます。

2. 生活状況の見える化によるサービス改善

入居者一人ひとりに関して、一定期間の睡眠や生活状況が、「睡眠日誌」としてグラフで表示されるのもこのシステムの特徴です（図4）。つまり、「生活状態を知り、ケアの質を高める」ための情報基盤としての使い方ができるのです。

これまでは夜勤のスタッフが各居室を回っていても、「単に横になっているのか、眠っているのか」を正確に知る手段はありませんでした。それが、このシステムを使えば、一定期間の睡眠と覚醒の推移を客観的に把握し、スタッフ間で共有できます。

実際に導入した施設の中では、入居者それぞれの睡眠の推移を確認しながら、「この方は最近、寝付きの時間が遅いから、日中の活動量を増やして、もう少し就寝時間を遅くしてみよう」「夕方に昼寝をしておられることで夜ぐっすり眠れな

くなっているのではないか、日中フロアにお連れしよう」といったように、ケアのサイクル・内容を見直し、入居者の生活の質の向上につなげようとしているところも出てきています。

3. 体調変化の早期発見・対応

「睡眠日誌」では、ベッドにいる際の呼吸数や心拍数に関しても、同様に記録し、グラフとして表示することができます。肺炎などの体調の変化は、呼吸の乱れに現れることもあり、呼吸の変化を見ることで、体調変化を早期に発見し、早めの対応につなげることができます。

みまもり安心サービス（パナソニック）

居室に設置したルームセンサーで、安否確認と、睡眠リズムの把握による業務負担軽減やサービス品質の向上につなげようとしているのがパナソニックのサービスです。

1. センサーによる安否確認

同社のみまもり安心サービスでは、ルームセンサーが入居者の体の動きをとらえており、パソコン上で各居室の状況が一覧表示されるため、部屋を訪れることなく、安否確認が行えます（図5、6）。これにより、スタッフの巡視の負荷を減らすことができる上、訪室によって入居者の睡眠を妨げることも防ぐことができます（オプションで各居室の室温把握、エアコンの遠隔操作も可能）。

2. 睡眠リズムの把握によるケアの改善

また、ルームセンサーがとらえた睡眠の情報は、クラウドで収集・分析しており、90日間の平均睡眠時間との差異が自動でチェックされ、睡眠時間が大幅に少ないときは、翌朝、スタッフに知らせる「前夜の短時間睡眠アラート機能」が働きます。

「昨日の夜は睡眠がとれていないから、今日はふらつきに注意しよう」といった

図5　みまもり安心サービスのルームセンサー

ように、睡眠リズムの把握を日々のケアにも生かしやすい形になっています。加えて、「睡眠レポート」として1週間ごとのグラフとして印刷でき、入居者のモニタリング情報として、ケアの方針検討に役立ちます（図7）。

3. 今後はデータ分析による業務効率化やケア改善に注力

この2つの機能を用い、夜間の巡視が必要な方やタイミングを特定し、巡視の適正化を図ることで、約120分／日の業務効率化につながった事例や、日中のデイサービスの利用を増やすことで夜間の睡眠が大幅に改善した事例などが出てきています。スタッフからの「巡視時間と記録時間を削減できた、入居者様と接する心のゆとりができた」との声や、施設長からの「客観的なデータを用いて適切なケアを検討することは人材育成の機会にもなる」との評価があったようです。

同社としては、「データ分析型ケアマネジメントシステム」として、入居者やスタッフごとのデータ分析を行いやすくすることなど、ケアや業務の改善につなげられるような機能を充実させていく計画です。

「何を見たいか、見守りたいか」「それによってどんなケアを実現したいか」を大事に

このように、たくさんのメーカーから見守りの機器・システムが出て

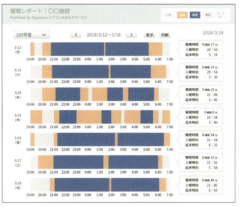

図6　パソコンで安否確認が可能

図7　「睡眠レポート」のグラフ表示

きています。それぞれのシステムごとに、何が「見守れる」のか、その機能や特徴は異なっています。

入居者や居室の何を見たいか、見守りたいのか。それによってどのようなケアを実現したいのか。その目的に沿った機器・システムを選ぶことが重要です。

また、センサーやカメラでデータや事実が見えたとしても、組織としてそれを「使いこなす」ことができなければ、ケアを変えることはできません。職場に対して「このシステムを使って、ケア・業務をこう変えたい」という意思統一を図り、実際に落とし込んでいくことが何より重要なのです。

紀伊　信之 さん
1999年京都大学経済学部卒業後、株式会社日本総合研究所入社。テクノロジー活用をはじめとした介護・シニアビジネス分野での事業開発、マーケティングなどの調査・コンサルティングに従事。在職中、神戸大学にてMBA取得。

ロボット

福祉用具・介護ロボットに係る取り組み
―― ロボットやICTの活用を促す新たな高齢者福祉

ガイド ● 五島　清国 さん
公益財団法人テクノエイド協会企画部長

はじめに

　高齢者や障害者の自立を支援し、介護者の負担を軽減する福祉用具・介護ロボットは、利用者の心身機能の維持・向上、さらには活動や参加を促すものとして、きわめて重要な役割を果たすものです。

　一方、これらの福祉用具などを安全で快適に利用するためには、利用者の身体的および心理的、精神的な要因はもちろんのこと、住環境や介護者の有無など、日常生活に適合した用具を選択することが重要であり、用具に関する専門的な知識を有する福祉用具専門相談員や医療・福祉の関係者、さらにはリハビリテーションなどの専門職の関与が不可欠となります。

　少子高齢化が進むわが国において、高齢者や障害者のニーズは多様化・複雑化しており、2018（平成30）年6月に政府において閣議決定された「未来投資戦略2018」では、2017（平成29）年度改訂したロボット技術の介護利用にかかわる重点分野に基づき、ロボット・センサーについて、利用者を含め介護現場と開発者などをつなげる取り組み、現場のニーズをとらえた開発支援および介護現場への導入・活用支援をいっそう進めることを決定しました（図1）。

　本稿では、現在、国内において行われている、または行おうとしている福祉用具・介護ロボットに関する取り組みの一部について紹介します。

ロボット技術の介護利用における重点分野の改訂

　厚生労働省と経済産業省は、未来投資会議による議論を踏まえ、2017年10月「ロボット技術の介護利用における重点分野」を改訂しました。

　具体的には、自立支援による高齢者の生活の質の維持・向上と、介護負担の軽減をいっそう図るため、新たに1分野5項目を追加しました（図2）。

　本改訂は、介護現場と開発企業の協議を通じて、介護現場のニーズを反映したロボット介護機器の提案を取りまとめている厚生労働省の「ニーズ・シーズ連携協調協議会」から提案された内容などに基づくもので、介護現場のニーズを真にくみ取った形となっているのが特徴です。追加された項目から、介護業務の効率性の向上を図ることはもとより、魅力ある職場づくりにつなげようとするねらいが見受けられます。

　政府が進めるロボット戦略に基づく開発5か年計画については、2017年度が最終年となりましたが、経済産業省では、2018年度以降の新たな取り組みとして「ロボット介護機器開発・標準化事業」を行うこととし、具体的には日本医療研究開発機構（AMED）において、引き続き開発支援などが行われています[*1]（図3）。

介護ロボット開発等加速化事業の実施

　厚生労働省では、介護ロボットなどの開発・普及について、開発企業と介護現場の協議を通じ着想段階から現場のニーズを開発内容に反映、

第2　具体的施策
2.　次世代ヘルスケア・システムの構築
（3）新たに講ずべき具体的施策
ⅲ）効率的・効果的で質の高い医療・介護の提供、地域包括ケアに関わる多職種の連携推進

② ロボット・センサー、AI技術等の開発・導入
・ロボット・センサー、AIなどの技術革新の評価に必要なデータの種類や取得方法など、効果　検証に関するルールを整理することで、事業者による継続的な効果検証とイノベーションの循環を促す環境を整備し、得られたエビデンスを次期以降の介護報酬改定等での評価につなげる。
・AIなどの技術革新を進めるとともに、昨年度改訂した重点分野に基づき、ロボット・センサーについて、利用者を含め介護現場と開発者等をつなげる取組、現場ニーズを捉えた開発支援及び介護現場への導入・活用支援を進める。あわせて、障害福祉分野についても同様の取組を進める。また、我が国の介護ロボットの海外展開を後押しするため、安全性担保に関する国際標準化の推進や諸外国の制度との連携を図る。

③ 書類削減、業務効率化、生産性向上
・介護分野の情報連携、介護事業所におけるICT化を抜本的な業務の再構築・効率化につなげるため、介護サービス事業所に対し国・自治体が求める帳票等の実態把握と当面の見直しを、本年度中に実施する。その後、事業所が独自に作成する文書も含めた更なる見直しを進め、文書の実効的な半減を実現する。
・作成文書の見直し、介護ロボット等の活用に加え、ICT利活用や、非専門職の活用等を含めた業務効率化・生産性向上に係るガイドラインを本年度中に作成、普及させ、好事例の横展開を図る。
・高齢者の活躍を促進するとともに、介護人材の裾野を広げる観点から、地域医療介護総合確保基金により、「介護助手」などの多様な人材の活用を図るなど、介護人材確保に総合的に取り組む。
・医療分野や障害福祉分野についても、介護分野と同様に、各分野の特性に応じて、作成文書の見直しやAI・ロボット技術の活用、多職種連携等の取組を促進する。

図1　「未来投資戦略2018」におけるロボット・センサーの施策（一部抜粋）
出典：首相官邸ホームページ（http://www.kantei.go.jp.cache.yimg.jp/jp/headline/seicho_senryaku2013.html）

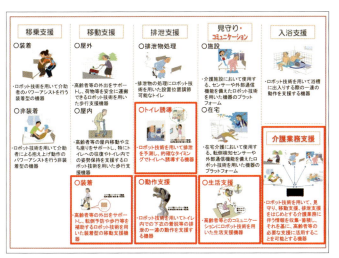

図2 1分野5項目を追加した
「ロボット技術の介護利用における重点分野」の改訂版
出典:テクノエイド協会ホームページ（http://www.techno-aids.or.jp/）

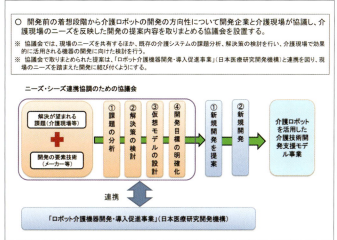

図3 「ロボット介護機器開発・標準化事業」の概要
出典：経済産業省ホームページ（http://www.meti.go.jp/main/yosan/yosan_fy2018/pr/ip/sangi_11.pdf）

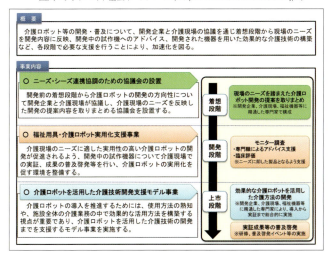

図4 介護ロボット開発等加速化事業の概要と事業内容
出典：テクノエイド協会ホームページ（http://www.techno-aids.or.jp/）

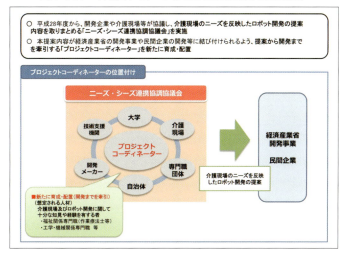

図5 ニーズ・シーズ連携協調のための協議会の目的と活動内容
出典：テクノエイド協会ホームページ（http://www.techno-aids.or.jp/）

開発中の試作機へのアドバイス、開発された機器を用いた効果的な介護技術の構築など、各段階で必要な支援を各種行っています（図4）。

具体的には、以下に記述する事業を同時に行い、着想段階にある機器開発の支援から、上市段階に到達した機器についての導入支援まで、横断的に実施しています。

1. ニーズ・シーズ連携協調のための協議会の設置

開発前の着想段階から介護ロボットの開発の方向性について、開発企業と介護現場が協議し、介護現場のニーズを反映した開発の提案内容を取りまとめる協議会を全国約50か所に設置し、日本作業療法士協会が中心の受託団体となり、運営・協議しているところです（図5、6）。

図6 協議会におけるプロジェクトコーディネーターの役割
出典：テクノエイド協会ホームページ（http://www.techno-aids.or.jp/）

2. 福祉用具・介護ロボットの実用化支援

介護現場のニーズに適した実用性の

図7　福祉用具・介護ロボットの実用化支援事業の活動
出典：テクノエイド協会ホームページ（http://www.techno-aids.or.jp/）

図8　普及・啓発のための「介護ロボットフォーラム」

図9　介護ロボットを活用した介護技術開発支援のモデル事業の概要と事業内容
出典：テクノエイド協会ホームページ（http://www.techno-aids.or.jp/）

高い介護ロボットの開発が促進されるよう、開発中の試作機器について介護現場での実証、成果の普及・啓発などを行い、介護ロボットの実用化を促す環境の整備を行っています（図7）。

本事業は、かねてより当協会が厚生労働省から受託して行っている事業であり、開発支援のメニューについては、試作中にある機器について、実際に利用する介護施設などの現場と製造事業者などをつなぎ、専門職によるアドバイスを実施したり、実際の利用環境でモニター調査などを実施したりすることを支援するものです。

また、普及・啓発に係る事業については、関係者による「介護ロボットフォーラム」を開催（図8）するとともに、実用化した機器の「試用貸出を推進する事業」を行ったり、「介護ロボット導入事例集」を作成したりしています。

2018年度より、さらに普及啓発をより一層推進するため、全国の各地域において「介護ロボットフォーラム」を開催することとし、全15件（回）開催する予定です[*2]。

3. 介護ロボットを活用した介護技術開発支援のモデル事業

介護ロボットの導入を推進するためには、使用方法の熟知や、施設全体の介護業務の中で効果的な活用方法を構築する視点が重要であり、介護ロボットを活用した介護技術の開発までを支援するモデル事業を実施しています（図9）。

4. 介護ロボットに係る調査研究

上記以外にも、下記のとおり介護ロボットの評価指標や活用方策のあり方などに関する調査研究が、厚生労働省から民間企業に補助して行われています。

① 介護ロボットの効果実証に関する調査研究事業
② 介護ロボットの効果的な活用方法に関する研究事業
③ 介護ロボットの評価指標に関する調査研究事業
④ 介護ロボットの導入実態調査及び普及加速化に向けた研究事業
⑤ 介護ロボットの普及促進に資する啓発イベントの実施モデル事業
⑥ 介護事業所における生産性向上推進事業

介護ロボットの導入支援事業の実施

厚生労働省は、地域医療介護総合確保基金を活用し、商品化された介護ロボットの導入支援を行っています。2018年度においては、補助額について、現行の1機器あたり10万円から30万円（60万円未満のものは価格の1/2を乗じた額が上限）に増額されるとともに、対象範囲についても、コミュニケーション（高齢者などとのコミュニ

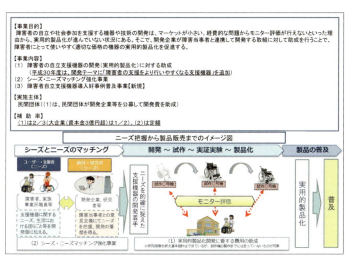

図10 障害者自立支援機器等開発促進事業の概要
出典：テクノエイド協会ホームページ（http://www.techno-aids.or.jp/）

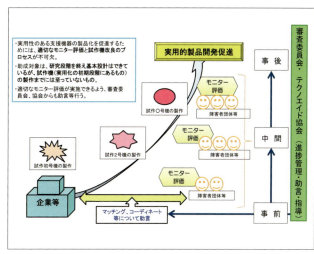

図11 障害者自立支援機器等開発促進事業の流れ
出典：テクノエイド協会ホームページ（http://www.techno-aids.or.jp/）

ケーションにロボット技術を用いた生活支援機器）および介護業務支援に資する機器が新たに追加されました。

なお、本事業は、都道府県を通じて行っているところであり、各都道府県によってその活用の有無は異なっています。

また、2018年度介護報酬改定にあたり、介護ロボットの活用を促進する方策として、特別養護老人ホームなどの夜勤について、業務の効率化などを図る観点から、見守り機器の導入により効果的に介護が提供できる場合に関する評価が設けられました。具体的な要件を満たす場合、夜勤職員配置加算の算定が可能となりました。

障害者自立支援機器等開発促進事業の実施

障害者の置かれている環境や状態は千差万別であり、自立生活に向けた課題（日常生活上のお困りごとなど）、福祉用具に求められるニーズは複雑多岐にわたります。

こうした中、現在、ロボット技術やICT（情報通信技術）など、新たに創出された技術を福祉用具の分野で活用することも大いに期待されているところであり、本事業は、障害者の自立と参加を促進する観点から、障害者のニーズと開発者のシーズのマッチングを図りながら、マーケットが小さく事業化や実用的製品化がなかなか進まない福祉用具について、開発企業が障害者と連携して開発する取り組みに助成を行い、新たな企業の参入を促し、各企業が適切な価格で障害者が使いやすい用具を製品化し普及を図る事業です（図10、11）。

2018年度に採択され、新たな支援機器の開発に取り組んでいる企業等機関は全12か所であり、その成果報告は、後述するシーズ・ニーズマッチング交流会の東京会場にて公開される予定です。

シーズ・ニーズマッチング強化事業の実施

福祉用具の開発にあたっては、障害当事者のニーズを的確にとらえた製品開発を促進するとともに、新たに創出された技術を福祉用具の分野の開発にも活用することが期待されているところであり、2015年2月に政府が掲げた「ロボット新戦略」の中でも、「支援機器（ソフトウェアを開発する場合を含む。）等について、マーケットが小さい等のためビジネスモデルの確立が困難な機器の開発（実用的製品化）の取り組みに対して支援する」とされました。

本事業は、支援機器の分野で活用可能な技術シーズと障害当事者のニーズをマッチングする取り組みを行い、もって障害者のニーズを的確に反映した製品開発および普及の促進を図るとともに、支援機器分野への新規参入を積極的に促すものです。

具体的には、2018年度は下記の日程により、シーズ・ニーズマッチング交流会を全国3会場で開催しています。本交流会では、企業などが試作中の支援機器を会場へ持ち込み、障害者および介護者をはじめ、企業、研究者、開発を支援する機関などが膝を交えて意見交換などを行う機会を設ける予定です[*3]（図12）。

【交流会の開催内容】
○大阪開催
・開催日：2018年12月18、19日
・会　場：大阪マーチャンダイズマート
・参加等：企業および団体、
　　　　　一般参加者
・特別企画：好事例表彰、シンポジウム
○福岡開催
・開催日：2018年1月9、10日
・会　場：福岡ファッションビル
・出展等：企業および団体、
　　　　　一般参加者
・特別企画：好事例表彰、シンポジウム
○東京開催

特集1 専門家が教える ICT・ロボットの基礎知識

図12　盛況なシーズ・ニーズマッチング交流会

- 開催日：2019年2月13、14日
- 会　場：TOC有明コンベンションホール
- 出展等：企業および団体、一般参加者
- 特別企画：好事例表彰、開発促進事業に係る成果報告

障害者自立支援機器導入好事例普及事業の実施

2018年度より、障害者ニーズを的確に踏まえて支援機器を開発し製品化した企業や研究所、さらには支援機器を効果的に導入し利活用している福祉事業所などを全国各地から募り、全国の見本となる好事例を表彰する事業を新たに行うこととなりました。

支援機器の開発および普及の裾野を広げる取り組みを全国規模的に行うことにより、支援機器分野への新規参入を促すとともに開発意欲を喚起し、また、福祉事業所などにおける支援機器の適切かつ効果的な利活用を推進します。

【募集する部門】

○技術開発研究部門（メーカー・研究所など）
- 応募資格：国内の開発企業または研究機関など
- 応募基準：すでに販売実績（自助具の場合は製作実績）があり、以下のいずれかに該当すること
  ア：障害者のニーズを的確にとらえて開発した機器
  イ：技術革新やメーカーなどの製品開発努力などにより、新たに開発されたもので、従来の機器では実現できなかった機能などを有する機器

○導入・利活用部門（施設および在宅サービスを行う福祉事業所など）
- 応募資格：障害者総合支援法による障害福祉サービス（在宅・施設）事業所または行政など（個人は除く）
- 応募基準：応募時点で支援機器を半年以上、実用的に利用しており、以下のいずれかに該当すること
  ア：障害者の参加や活動に役立てていること
  イ：障害者の支援がより行いやすくなるよう工夫していること

【審査から表彰までの流れ（予定）】

○応募期間：8月6日〜9月21日
○好事例および優秀賞の発表：11月上旬
○最優秀賞：2019年2月14日〔シーズ・ニーズマッチング交流会（東京会場）にて決定〕

まとめ

少子高齢化や人材不足が深刻化する中、職員の健康管理や働きやすく魅力ある職場環境の整備などが喫緊の課題となっています。

こうした中、障害者や高齢者の人権を尊重し、人生の継続、自己決定を尊重する基本的考え方に基づき、適切かつ効果的で実用的な福祉用具・介護ロボットの開発とその普及を進める必要があります。

福祉用具・介護ロボットは、それ自体を使用することが目的ではなく、利用者のできる可能性があること、もう少し工夫すればうまく（楽に）できる可能性があることを引き出し、残存能力の維持・拡大を推進し、活動や参加に資する一手段であり、上手に使用するためにはケアプランなどにその利用を位置づけ、関係者が共有し、利用者の生活行動範囲の拡大につなげたいものです。

とりわけロボット技術を応用・活用した介護は特別なものではなく、すでにほかの業界や業種では積極的な導入が進められています。これまでの福祉用具と合わせ適用（ハード面・ソフト面）を考えること、また、利活用にあたっては、これまでの介護システムのあり方を含めて再検討することが求められます。

最後に、安全で実用的な機器開発をいっそう進めるためには、介護現場の協力なくしては困難であり、介護現場と開発企業などが連携できる体制整備も求められています。

【注釈】
- [*1] 詳細は、AMEDのホームページ（https://www.amed.go.jp/program/list/02/01/009.html）を参照。
- [*2] 詳細は、テクノエイド協会のホームページ（http://www.techno-aids.or.jp/）を参照。
- [*3] シーズ・ニーズマッチング交流会の様子は、YouTube動画で配信中（http://www.techno-aids.or.jp/needsmatch/index.shtml）。

五島　清国 さん
福祉用具の開発および普及を推進する公益法人に勤務。福祉用具に関する情報提供や調査研究を行うとともに、介護ロボットの実用化支援、普及啓発に関する事業などを主に担当している。

導入事例 現場にプラス

社会福祉法人 **南会津会** 只見指定居宅介護支援事業所
**iPadで働き方改革を！
人材不足の課題を解決し
スタッフのワークライフバランスを実現** ㉖

HOPE LifeMark-WINCARE
（富士通）

社会福祉法人 **東京聖新会**
**歌って踊れるロボットが
ゲストとスタッフに笑顔の花を咲かせる** ㉘

PALRO & Sota
（富士ソフト）（ヴイストン）

ICT&ロボット 製品ガイド

このコーナーでは、必ず役に立つICT、IoT、ロボットを**導入事例**と**製品アルバム**で紹介します！

製品アルバム

在宅医療・訪問看護システム	株式会社 eWeLL（イーウェル） 訪問看護支援システム『iBow（アイボウ）』㉚	在宅医療・訪問看護システム	株式会社アドバンスト・メディア AmiVoice® SBx Medical ㊱
ロボット	エア・ウォーター株式会社 コンパクトシャワー入浴装置シャワーオール ㉛	見守り（センサー）	インフォコム株式会社 IoT見守り支援サービス　ミマモア ㊱
見守り（センサー）	株式会社NTTデータ 介護施設向け見守り介護ロボットサービス「エルミーゴ™」㉜	見守り（センサー）	株式会社ケアコム エアコンみまもりサービス 連動システム ㊱
見守り（センサー）	コニカミノルタジャパン株式会社 ワークフローを変革し、介護業務効率化を実現する コニカミノルタの「ケアサポートソリューション®」㉝	見守り（センサー）	パナソニック株式会社 みまもり安心サービス ㊱
介護システム	富士通 介護事業者支援システム HOPE LifeMark-WINCARE ㉞	その他	日立ヘルスケアシステムズ株式会社 クラウドアプリ 食支援 MePORTS®（ミーポーツ）㊲
介護システム	株式会社エス・エム・エス 保険請求だけでなく、経営全般をサポートする 介護ソフト「カイポケ」㉟	介護システム	芙蓉開発株式会社 安診ネット カイゴ ㊲
		在宅医療・訪問看護システム	株式会社ワイズマン 医療・介護連携サービス MeLL＋（メルタス）㊲

導入事例
現場にプラス

社会福祉法人 南会津会 只見指定居宅介護支援事業所

iPadで働き方改革を！人材不足の課題を解決しスタッフのワークライフバランスを実現

山間の町で奮闘する
3名のケアマネジャーを支える
スマートデバイスソリューション

HOPE LifeMark-WINCARE
（富士通）

　スマートフォンやタブレットPCといったスマートデバイスを介護業務に活用する動きが広がっています。福島県の社会福祉法人南会津会もその一つ。同会が運営する南会津郡の只見指定居宅介護支援事業所（只見町在宅介護支援センター）では、2018年7月に富士通の介護事業者支援システム「HOPE LifeMark-WINCARE」を導入。3名のケアマネジャー（介護支援専門員）が利用者宅などでiPadを使い、ケアプランの作成などを行っています。導入から2か月が過ぎ、今までの業務が効率化し、働き方にも変化が表れています。人材不足という介護事業者が抱える問題を解決し、スタッフが生き生きと働く現場を訪ねました。

東京23区の約1.2倍の面積を3名のケアマネジャーがカバー

　新潟県との県境にある福島県南会津郡只見町は、日本でも有数の豪雪地帯。町の面積の94％を森林資源が占め、山間には国内でも有数の規模を誇る田子倉湖（ダム）が広がる風光明媚な土地です。南会津会では、2000年の介護保険制度開始に合わせ、只見町に居宅介護支援事業所を開設しました。事業所のある一帯は、健康・医療・福祉・介護の施設が集まっており、南会津会の特別養護老人ホーム只見ホーム、小規模特別養護老人ホームあさくさホーム、介護老人保健施設こぶし苑、只見町高齢者生活福祉センターのデイサービスセンターあさひヶ丘などの施設があります。

　居宅介護支援事業所には、現在3名のケアマネジャーが勤務。東京23区の約1.2倍の面積を有する広大な只見町を、この3名が只見地区、朝日地区、明和地区の地区ごとにカバーしています。多くの市町村同様、只見町も高齢化が進んでおり、2018年4月1日現在の人口が4236人で、高齢化率は45.85％。これは2016年度の日本の高齢化率27.3％と比べても非常に高い数字です。そして、高齢化率の高さは、労働生産人口の減少にもつながり、介護の人材確保に影を落としています。増え続ける利用者と人材不足という問題をどのように解決するかが、南会津会にとって大きな課題でした。本部事務局事務主任の保科美和さんは、「本部事務局では、職員のワークライフバランスを実現したいと考えており、日常業務の効率化に取り組んできました。このような中で、それまで使用してきた『HOPE WINCARE-ES』が更新時期を迎えたこともあり、スマートデバイスで使用できるHOPE LifeMark-WINCAREへと切り替えることにしました」と説明します。

　こうして、居宅介護支援事業所では、2018年7月からHOPE LifeMark-WINCAREが稼働を開始。3名のケアマネジャーは、日々iPad持参で利用者宅を訪問し、ケアプランやアセスメントの記録、管理などに活用しています。

iPadで使用できるHOPE LifeMark-WINCARE

　南会津会では、2000年に「HOPE/WINCARE」を導入。その後、複数回の更新を経て、HOPE WINCARE-ES、HOPE LifeMark-WINCAREへと、システムを切り替え

社会福祉法人 **南会津会 只見指定居宅介護支援事業所**

導入事例 **現場にプラス**

取材にご協力いただいた皆さん。左から、只見町在宅介護支援センター事務主任の目黒　健さん、本部事務局事務主任の保科美和さん、居宅介護支援事業所介護支援専門員の渡部みさえさん、目黒みささん、管理者兼介護支援専門員の馬場幸弥さん、只見町在宅介護支援センター所長の横田登貴夫さん

てきました。2018年度の更新では、他社システムも検討しましたが、スマートデバイスソリューションの機能をはじめ、以前から業務の効率化のメリットが得られていたことと、スタッフへのアンケートの結果、使い慣れたシステムが良いという声が多かったことから、HOPE LifeMark-WINCAREの採用が決まりました。特に、スマートデバイスソリューションへの期待は高く、南会津会本部から導入を働きかけたそうです。

　HOPE LifeMark-WINCAREは、地域包括ケアシステムの構築が進む状況を踏まえ、医療・介護の多職種連携を図るために、スマートデバイスを使ったSNS（Social Networking Service）での情報共有、医療・介護ビューアーによる法人内連携、富士通の地域医療ネットワーク「HumanBridge」と組み合わせた広域での連携が可能です。また、システム更新の決め手となったスマートデバイスソリューションは、訪問系、居宅介護支援、施設・居住系、通所系といったサービス形態ごとに用意されています。例えば、南会津会が導入している居宅介護支援向けのものは、訪問先でiPadを使って月間スケジュールの調整や、別途モバイルプリンタの導入によりプリントも行えます。しかも、iPadから事務所のデータを直接参照・更新しており、iPad自体には一切データを残さないなど、安全に利用できるのも特長です。さらに、HOPE LifeMark-WINCAREは、従来システムよりも統計機能が強化されていて、「売上シミュレーション」機能など、介護経営の見える化もできます。

効率的で質の高い介護とワークライフバランスを実現

　2018年7月から稼働し始めたHOPE LifeMark-WINCAREですが、3名のケアマネジャーの仕事には、早速変化が表れています。

　これまでは、利用者宅を訪問してケアプランやアセスメントに関する情報をノートに記録して、居宅介護支援事業所に戻ってから、パソコンに向かってシステムに入力していました。それが、iPadから直接入力できるようになったことで、転記作業がほとんどなくなりました。管理者兼介護支援専門員の馬場幸弥さんは、「利用者宅の訪問件数が多い日は、居宅介護支援事業所での入力作業が長くなり、勤務時間内に終わらないことが多々ありました。それが新しいシステムになって、利用者宅で入力が行えるようになり、二度手間が解消でき、ケアプランの作成も大幅に効率化しています」と、メリットを実感しています。

　また、利用者宅でiPadを使用することは、介護の質にも良い影響を与えています。例えば、カメラをメモ代わりにすることで、介護保険証の写しに費やしていた時間を利用者との対話に回せるようになったそうです。渡部みさえさんは、「利用者宅にいる時間が増えることで本人や家族との会話も充実し、これまで引き出せなかった意見や要望をつかめるようになりました」と、うれしそうに話します。

　もちろん、導入の目的であったワークライフバランスの実現もできています。「仕事がはかどれば、その分残業も減ります。今、子育ての真っ最中なので、これからはもっと早く家に帰ってあげられるように、しっかり使いこなしたいですね」と話すのは、目黒みささん。HOPE LifeMark-WINCAREのスマートデバイスソリューションは、利用者やスタッフだけでなく、その家族にとっても、大切な時間を増やすことができるのです。

統計機能を活用し経営改善も

　居宅介護支援事業所では今後、モバイルプリンタも使用して、さらにサービスの質の向上に取り組んでいきます。利用者宅でプリントすることで、サービス計画表などを届ける作業も効率化され、移動のための燃料費や交通費も削減することが期待されます。さらに、南会津会としては、強化された統計機能を活用し、経営改善にも力を入れていきます。

　iPadでワークライフバランスを実現──山々に囲まれたみちのくの町に、ICTを活用した新しい介護の姿がありました。

（2018年9月3日取材）

社会福祉法人南会津会只見指定居宅介護支援事業所
（只見町在宅介護支援センター）
〒968-0442　福島県南会津郡只見町大字長浜字久保田31
TEL●0241-84-7007
URL●http://minamiaidukai.or.jp

HOPE LifeMark-WINCAREの問い合わせ先
富士通株式会社
ヘルスケアビジネス推進統括部　第三ヘルスケアビジネス推進部
TEL●03-6252-2502
URL●http://www.fujitsu.com/jp/solutions/industry/healthcare/kaigo/

導入協力：株式会社エフコム
URL●https://www.f-com.co.jp/

導入事例 現場にプラス

社会福祉法人 **東京聖新会**

歌って踊れるロボットがゲストとスタッフに笑顔の花を咲かせる

「PALRO」と「Sota」が
レクリエーションと見守りを
しっかりサポート

PALRO & Sota
（富士ソフト）（ヴイストン）

「『ブルー・ライト・ヨコハマ』を歌って！」。ゲスト（利用者）の山下和美さんがリクエストすると、"イシ"くんが音楽に合わせてダンスしながら、歌い始めます。イシくんは、東京聖新会で働くコミュニケーションロボット「PALRO（パルロ）」のうちの一人。ここでは、「Sota（ソータ）」も利用者の見守りで活躍中です。ロボットが介護をお手伝いすることで、みんなが笑顔に。ロボットとゲスト（利用者）とスタッフの素敵な関係が、東京聖新会にはあります。

人手不足を補うためにロボットを導入

東 京都西東京市にある東京聖新会は1998年、当時の田無市に設立。翌99年に老人保健施設のハートフル田無、特別養護老人ホームのフローラ田無が開設されました。現在は向台町地域包括支援センター、指定居宅介護支援事業所、訪問看護ステーション、訪問リハビリステーションも運営しています。東京聖新会では、利用者を"ゲスト（guest）"と呼んでいます。この言葉には、"お客様"という本来の意味だけでなく、"GeST（Get Smile Together）＝一緒に笑顔を"という思いが込められています。スタッフは、この言葉を心に持ち、"ゲスト"の生活機能の向上と自立を支援し、意欲的に暮らすためのケアに取り組んでいます。

一方で、東京聖新会では、これまで人手不足という大きな問題を抱えていました。フローラ田無施設長の尾林和子さんは、その解決手段として、ロボットの導入を考えたと説明しています。

「当初は、スタッフの作業やゲストの動作を支援する移乗介助型や移動支援型も検討しましたが、装着に時間がかかるなど、必ずしもスタッフの負担軽減につながりませんでした。なので、まずはコミュニケーションロボットを使ってみることにしました」

そこで、東京聖新会は、NTTデータ、ユニバーサルアクセシビリティ評価機構とともに、コミュニケーションロボットSotaと離床センサー、人感センサーを組み合わせた高齢者支援サービスの実証実験を2015年3月25日～5月29日の2か月間実施しました。さらに、2016年度には経済産業省「ロボット介護機器開発・導入促進事業」の委託で、日本医療研究開発機構（AMED）が行った「ロボット介護機器開発に関する調査」に参加。コミュニケーションロボットとしてPALROとSotaをハートフル田無に16台、ほかに見守りカメラ付きロボットをフローラ田無に20台導入しました。そして、現在も、コミュニケーションロボットが働いています。

レクリエーションを担当するPALROと見守りで活躍するSota

東 京聖新会で働くPALROは、豊富なレクリエーションの機能を搭載しています。短いけれどもよく動く手足を使って自ら奏でる音楽に合わせ、みんなと一緒に体操やダンスをします。また、おしゃべりも大好きで、健康に関する話題などをクイズにして出題。答えの解説や豆知識を教えてくれます。PALROは、おしゃべりだけでなく歌も上手。リクエストにこ

PALROのイシくんと
ゲストの山下和美さん

尾林和子さん　近藤洋正さん　岡本佳美さん

たえて、懐メロの名曲の数々を振り付きで歌います。これらのレクリエーションのプログラムは、日本アクティブコミュニティ協会が認定するコミュニケーション介護士が監修しています。

　Sotaもゲストと会話するなどコミュニケーションをとることができます。それだけでなく、見守りロボット「A.I. Viewlife」（エイアイビューライフ）と赤外線カメラ「ネオスケア」（ノーリツプレシジョン）と連携し、居室にいるゲストの安全を見守ってくれます。

ゲストの生活機能が向上しスタッフの負担も軽減

　PALROとSotaが来てから、東京聖新会では、ゲストはもちろん、スタッフにも変化が出てきました。

　ゲストの山下さんは、「最初にPALROを見た時は、怖いとか気持ちが悪いと思いましたが、私の名前を覚えてくれて、普段の会話や歌を歌ったり、踊ったりしてくれるうちに愛着がわいてきました。起きる時間や食事の時間も教えてくれて、規則正しく生活することができます」と、PALROのいる暮らしを楽しんでいます。

　東京聖新会では、国際生活機能分類（ICF）に基づいたゲストの生活機能向上、自立支援に取り組んでいますが、コミュニケーションロボットがゲストのそばで生活を共にすることで、効果が現れています。AMEDの実証実験でも、ICFの評価項目において、多くのゲストに生活機能の改善が見られました。尾林さんも「コミュニケーションロボットがスケジュールに合わせてゲストに声がけするうちに、自発的に髪をセットしたり、入浴の準備をしたりするようになり、行動変容が起こっています。これは認知症の予防にもつながると考えています」と言います。

　一方で、人手不足の解消にも、良い影響が出ています。事業本部介護部長の岡本佳美さんは、「以前は、スタッフがレクリエーションにかかりきりになると、参加していないゲストのケアにまで目が届きませんでした。しかし、一部をPALROに任せることで、一人ひとりにきめ細かなケアを提供できるようになりました」と、メリットを実感しています。また、事業本部統括部長の近藤洋正さんも、「スタッフがこまめにゲストへ声がけできればよいのですが、なかなかその時間をつくれません。彼らがそれをカバーしてくれるので、とても助かっています」とロボットたちのサポートに満足しています。

人とロボットの良い関係が介護現場に変化を

　コミュニケーションロボットを導入すると決めた時、東京聖新会では、「人と人の温もりが必要な対人援助業務になぜロボットを？」と疑問の声が寄せられました。しかし、PALROやSotaがスタッフと一緒にゲストのケアを行うことで、スタッフの業務負担を軽減し、ゲストの生活機能も向上しました。東京聖新会では、人とロボットが良い関係を築き、介護の現場を変えようとしています。

（2018年5月25日取材）

居室にいるSotaは、見守りロボット、赤外線カメラとともにゲストの安全を見守ります

東京聖新会で働く
コミュニケーションロボットたち

社会福祉法人東京聖新会
〒188-0013　東京都西東京市向台町2-16-22
TEL●042-468-2311
URL●http://www.tokyo-seishinkai.or.jp/

製品アルバム

このコーナーでは、介護や訪問看護、在宅医療の現場で役に立つICT、IoT製品を紹介します。

在宅医療・訪問看護システム

訪問看護支援システム『iBow（アイボウ）』

株式会社eWeLL（イーウェル）

訪問看護師が選ぶ「本当に使える！」電子カルテ。

タブレットで記録から情報共有、帳票作成まですべての業務が完結

ここがポイント！
- 誰でも簡単に使える操作性
- 現場の要望を反映して毎月機能改善
- 訪問看護のことなら何でも聞けるカスタマーサポート

現場での使いやすさを徹底追求した電子カルテ『iBow』

訪問看護支援システム『iBow』は、「現場で本当に使えるシステム」をコンセプトに開発された訪問看護専門の電子カルテです。訪問看護現場の声を吸い上げて、毎月機能追加や改善を行っています。2014年の発売開始以来、画面デザインや操作方法など「現場看護師にとっての使いやすさ、わかりやすさ」をご評価いただき、全国550以上の事業所様（2018年8月時点）でご導入いただいています。

決め手は記録のしやすさと充実のカスタマーサポート

特にご好評いただいているのは、訪問先での記録画面の使い勝手です。前回までの記録や関連情報を、訪問中でも簡単に参照できるショートカットボタンを設置するなど、現場の意見を反映した機能改善を随時行っています。また、手厚いカスタマーサポートも『iBow』が選ばれる大きな理由の1つ。システムの使い方はもちろん、システム会社では通常回答しないような請求業務や複雑な訪問看護の制度、法改定のことまで、何でも問い合わせることができますので、立ち上げたばかりのステーション様も安心です。

業務効率とケアの質を向上 職員と利用者の満足度UP

『iBow』はできるだけ時間をかけず、簡単に訪問中の看護メモが取れるような操作性の実現を常に心がけています。観察項目や選択肢を、事業所ごとに使いやすい表現で設定できるカスタマイズ機能もあります。記録に時間をとられず本来の看護業務に集中できるため、利用者の満足度向上にも貢献します。関連帳票の作成も、日々の訪問記録が自動反映されるので簡単です。全50種類以上の豊富な帳票が用意されており、手書きでの転記作業が不要となります。特に情報提供書や各種報告書が充実しており、コ・メディカルにスピーディに情報提供できる点を高くご評価いただいています。また、タブレットで記録から情報共有、帳票作成まですべての業務が完了する点も魅力です。外出先でも制限なくすべての機能が使えるので柔軟な働き方を実現できます。オンコール時は、事業所に立ち寄らなくてもタブレット1つで利用者様の関連情報を確認できるので、すぐに利用者様のもとへ駆けつけることができます。

大切な利用者情報を守るため、セキュリティを重視

『iBow』は厚生労働省、経済産業省、総務省のガイドラインを順守し、病院の電子カルテ同様に厳しい基準をクリアしています。また、セキュリティに関する国際基準であるISO/IEC27001も保有しています。システム上の特徴は、契約法人ごとに専用のサーバー領域を確保していることです。複数事業所のサーバーを1つにまとめてコストダウンすることもできますが、セキュリティの観点から、eWeLLではそのような方法を取っていません。専用サーバー領域を設けることで、アクセスが集中しやすいレセプト期間などに動作が遅くなる、サーバーがダウンする、といったトラブルを回避。ユーザーがいつでもストレスなく使用できる環境を実現しました。

¥
システム導入初期費用：0円
月額基本料：1万8000円/1事業所
月額利用料：事業所様の規模により変動、応相談

問
株式会社eWeLL
マーケティング部
〒541-0051　大阪府大阪市中央区備後町3-3-3 サンビル9階
TEL●0120-49-0333
E-mail●ibowinfo@ewell.co.jp
URL●https://ewellibow.jp/index.html

前10回分もしくは1か月間のバイタル・観察項目の経過を一覧表示できる「温度板」はお客様のご要望を実現した機能

現場で「使える」「あると助かる」機能が随所にちりばめられた訪問時の記録画面

紹介したシステム・機器はインナビネットのケアビジョン製品アルバムでも見られます。
http://www.innervision.co.jp/carevision

ロボット
コンパクトシャワー入浴装置 シャワーオール

エア・ウォーター株式会社

浴室以外にも設置可能。入浴の選択肢が広がります。

コンパクト設計
のシャワーオール

> **ここがポイント！**
> ・衛生的な微粒子シャワー入浴
> ・コンパクトで設置工事も簡単
> ・脱衣所など、居室設置可能

微粒子シャワー入浴のメリット

微粒子シャワー入浴には、掛け流しだからこそ実現できるメリットが多くあります。入浴前に10～15分かけてお湯をためる必要がないので、入浴一連の時間が削減できます。また、常に新しいお湯を使用するため、感染症リスクが低減でき、入浴者間の交差感染や失禁なども気にせず清潔な入浴が行えます。安全面においても、入浴者が溺れることがなく、入浴時に身体に静水圧がかからないので、入浴者には心臓や身体への負担が少ない、安心・安全な入浴が行えます。

狭い浴室や脱衣所などに設置可能

入浴装置を購入したいが浴室にスペースがないといった場合でも、シャワーオールはコンパクト設計（横：1.2m、奥行き：0.74m）なので、狭いスペースにも置くことができます。また、居室用シャワーオールは、足元の水位センサーが排水不良を検知して自動で給水を止めるロボット機能付きなので、浴室以外への設置も可能です。

低い「またぎ」で、自立動作を支援

一般的な浴槽で入浴ができなくなる大きな要因として、浴槽をまたげなくなることが挙げられます。通常の浴槽は「またぎ」が40cm程度あるのに対し、シャワーオールは「またぎ」が15cmです。15cmの「またぎ」を手すりに掴まりながら、自立的にまたぐことで、少しでも自分で動いて入浴していただけます。要介護状態になっても、できるだけ生活の中に自立動作を残し、「できる活動」を奪わない介護を推進いたします。また、「またぎ」が低いため転倒リスクが低減するだけでなく、移乗に伴う介助者の負担軽減にもつながります。

用途に合わせた充実したラインアップ

シャワーオールは、立ち座りができる方を対象とした商品です。エア・ウォーターでは、より多くの方々に、微粒子シャワーの良さをご提供するために、ご利用者に応じたラインアップをご用意しております。寝たままの姿勢で入浴できるストレッチャー式「NS5000」、リクライニング姿勢で入浴ができるリクライニング式「NB2500」がございます。ご利用者の介護レベルや設置場所の条件に応じた商品選定が可能です。

シャワーオール本体（浴室用）　126万円（税別）
シャワーオール本体（居室用）　142万円（税別）

エア・ウォーター株式会社
医療カンパニーマーケティング本部
〒105-0001　東京都港区虎ノ門3-18-19
TEL　03-3578-7815
E-mail　info-viami-h@awi.co.jp
URL　http://www.awi.co.jp/

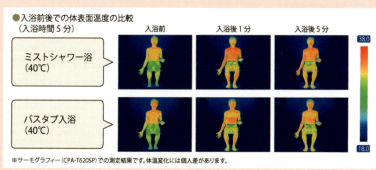
短時間で充実の温まり

用途に合わせたラインアップ

座位姿勢でゆったり入浴

製品アルバム

見守り（センサー）

介護施設向け見守り介護ロボット
サービス「エルミーゴ™」

株式会社NTTデータ

「ロボット×IoTデバイス」で、介護負担を軽減する
介護施設向け見守りロボットサービス

介護施設向け
見守り介護ロボットサービス
「エルミーゴ™」

ここがポイント！
- ロボットと見守りセンサを組み合わせた、ハイブリッド介護機器
- センサの異常通知とロボットからの声掛けで、介護負担を軽減し、質の高い介護提供に寄与します。

NTTデータが提供する「ロボット×IoTデバイス」

少子高齢化が進行し、団塊の世代が75歳を迎える2025年には、日本の高齢化率は30％を超え[1)]、福祉・介護人材は約38万人が不足[2)]するとされています。

NTTデータでは、この社会課題に対してコミュニケーションロボット（Sota®[*1]）を活用した介護支援サービスの検討を行って参りました。

2018年6月に開始した本サービスは、夜間見守りにおいて、被介護者のベッド周辺に設置した「眠りSCAN[*2]」と「シルエット見守りセンサ[*3]」の2つのIoTデバイスによって、被介護者の状況（覚醒・睡眠・起き上がり・離床）を把握し、被介護者の体の動きをシルエット映像から判別して、「起き上がり・はみ出し・離床」を検知します。起き上がり、はみ出し、離床などの検知は、介護者が持っているスマートフォンに通知され、ベッド上の様子をシルエット画像で、スマートフォン上で確認することができ、介護スタッフは、ケアの優先順位や駆け付け判断を、離れた場所から行うことができるようになります。また、介護スタッフは、スマートフォンのボタン1つで、ロボットから声を掛けることができます。転倒リスクのある被介護者に、ロボットが「どうしましたか？スタッフの人が来るから待ってくださいね」など、離れた場所にいる介護スタッフに代わって声を掛けることで、転倒を未然に防止することができます。

介護負担の軽減を実現する見守り介護ロボットサービス

訪室の有無と緊急性の判断を遠隔で行うことによって、介護現場の業務効率化につながります。さらに、ロボットからの声掛けが加わることで、少ない人数で夜間見守りを行うスタッフを手助けすることができます。2017年度に実施した実証実験では、9割の夜勤スタッフの移動歩数が約2割減るなどの効果が見られました。また、「ロボットの声掛けにより、被介護者が安心する」「ロボットを活用した先進的な見守りを行った結果、新規入居者が増えた、新規介護スタッフが増えた」などうれしいお声もいただいております。

ロボットとのコミュニケーションで被介護者に変化を

日中帯には、ロボットとの会話を楽しむことができる、コミュニケーション機能も兼ね備えています。会話に加え、ロボットが「水分補給しましょう」などと声掛けをして、被介護者の活動を促すこともできます。このようにロボットが日々の被介護者の生活に寄り添うことによって、被介護者にとって、癒しを与えてくれる身近な存在となります。2017年度に実施した実証実験では、塞ぎ込んでいた高齢者に笑顔が戻り、朝ロボットに挨拶をすることが日課になるなど、うれしい変化も見られました。

●参考文献
1) 国立社会保障・人口問題研究所：日本の将来推計人口（平成29年推計）（http://www.ipss.go.jp/pp-zenkoku/j/zenkoku2017/pp_zenkoku2017.asp）
2) 厚生労働省：2025年に向けた介護人材にかかる受給推計（確定値）（http://www.mhlw.go.jp/stf/houdou/0000088998.html）

【注釈】
*1 「Sota®」はヴィストン株式会社の登録商標です。
*2 「眠りSCAN」はパラマウントベッド株式会社の製品です。
*3 「シルエット見守りセンサ」はキング通信工業株式会社の製品です。

問 株式会社NTTデータ
第二公共事業本部第四公共事業部第一統括部
〒169-0072　東京都新宿区大久保3-8-2
TEL● 050-5546-2886
E-mail● care_service_pr@kits.nttdata.co.jp

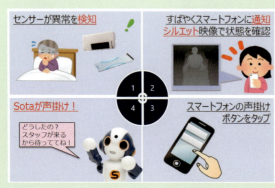
利用イメージ

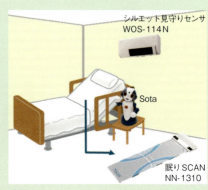

設置イメージ

見守り（センサー）

ワークフローを変革し、介護業務効率化を実現するコニカミノルタの「ケアサポートソリューション®」

コニカミノルタジャパン株式会社

ケアサポートソリューションは、介護現場の業務フローを変革し、施設全体の業務効率化とケア品質の向上を実現します。

専用ポータルサイトを開設

ここがポイント！
- 介護業務の労働生産性向上
- 収益アップ／入居率アップ／介護品質の向上
- スタッフの働きやすさ向上（離職の抑制）

ケアサポートソリューションは、センサーとスマートフォンを軸としたワークフロー変革で介護業務全体の効率化を実現するソリューションです。

従来のナースコールやマットセンサー、介護記録システムでは実現できなかった介護業務全体の効率化を実現いたします。

コニカミノルタは創業以来培ってきた光学技術、センサー技術、画像処理技術を独自のICTで融合し、介護業務全体の効率化を実現するケアサポートソリューションを生み出しました。

介護施設入居者様の居室天井に設置したセンサーにより、起床、離床、転倒・転落を認識した時には、介護スタッフ様用のスマートフォンに映像とともに通知を行います。また、胸の動き検知による安否確認機能により、入居者様の反応が一定時間ない場合も通知を行います。

従来の「とにかく駆けつけてみないとわからない」から、入居者様の「状況を見て行動を判断する」ことで業務負荷の軽減を実現します。

さらに、「介護記録」はいつでもどこでも介護スタッフ様用のスマートフォンから入力できます。

サーバーに蓄積されたデータはスマートフォンで確認することができます。

以下、ケアサポートソリューションの概要を紹介します。

状況を「見て駆けつけ」

起床、離床、転倒・転落、ケアコールの通知時に入居者様の様子を映像で確認できるため、状況を把握してから駆けつけることができます。
＊ご入居者様のプライバシー保護
起床、離床、転倒・転落、ケアコールの通知時がない限り、スマートフォンから入居者様の様子を確認することはできません。

胸の動きの検知による「安否確認」

胸の動きの検知により安否確認ができるため、夜間の巡回業務負荷を軽減できます。

転倒・転落時の「エビデンス」

転倒・転落の発生時、事故前後の状況が動画で記録できるため、早期の適切な処置や原因究明を行うことができます。
＊ご入居者様のプライバシー保護
転倒・転落時以外、映像は記録されません。

その場で「ケア記録作成」

介護スタッフ様はスマートフォンを使い、その場でケア記録情報の入力ができるため、即時に入居者様のケア記録作成が可能となります。また、バイタル情報の記録は、Bluetooth接続可能な機器を活用することで記入ミスや転記ミスを防止でき、記録作成の時間を削減することができます。

即時・確実な「情報共有」

スマートフォンに搭載する「情報共有アプリケーション」により、リアルタイムに入居者様情報の配信・共有ができるため、即時に情報を確認することが可能であり、またいつでも閲覧することができます。

入居者様の自立を促す「お声がけ」

起床、離床の通知時に、介護スタッフのスマートフォンへ映像が通知され、入居者様の状況を見ながらお声がけができます。事実に即して入居者様の自立行動を促し、要介護度の悪化を防ぎます。

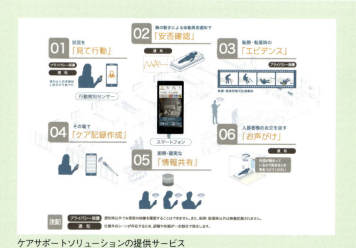

ケアサポートソリューションの提供サービス

ケアサポートソリューションは介護施設に応じた業務効率化実現のために最適なトータルシステムとして案件ごとにご提案・ご提示させていただきます。

問 コニカミノルタジャパン株式会社
ヘルスケアカンパニー
〒105-0023　東京都港区芝浦1-1-1
浜松町ビルディング（総合受付26階）
TEL ● 03-6324-1080
FAX ● 03-3454-3216
E-mail ● mhj-hc-css@gcp.konicaminolta.com
URL ● ケアサポートソリューション　ポータルサイト：https://www.konicaminolta.jp/business/solution/innovation/expertise/care_support/index.html

製品アルバム

介護システム
介護事業者支援システム HOPE LifeMark-WINCARE
富士通

介護の現場に「イノベーション」を。

スマートデバイスソリューションでワークスタイルを変革

ここがポイント！
- 多職種間連携で地域包括ケアを支援
- スマートデバイスでワークスタイル変革
- 統計機能で介護経営を見える化

超高齢社会が進む中、2025年に向けてどこに住んでいても適切な医療・介護が安心して受けられる、地域包括ケアシステムの構築が進められています。このような状況において、介護事業者が担う役割も増えていきますが、一方で「地域包括ケアシステムの構築」「介護人材の確保」「ビジネス強化の必要性」といった課題も存在しています。富士通では、「さまざまな課題を解決し、介護現場にイノベーションを」というコンセプトの下、介護事業者支援システムHOPE LifeMark-WINCAREによる最適なソリューションをお客様に提供します。

富士通のICTで支える地域包括ケア

地域包括ケアシステムは、主治医やケアマネジャー、訪問看護師、ヘルパーなどの多職種の連携が大切です。HOPE LifeMark-WINCAREでは、法人内だけでなく、法人の枠を超えた多職種のコミュニケーションを円滑にして、情報共有を図るために、3つのバリエーションで地域包括ケアを支援します。
① スマートデバイスで多職種連携：スマートデバイスを活用したSNS (Social Networking Service) 形式で、介護や医療情報の連携が可能です。
② 医療・介護ビューアーで法人内連携：同一法人内の電子カルテとの間で情報連携を行えます。
③ HumanBridgeで広域連携：富士通の地域医療ネットワークHumanBridgeを活用することで、法人間での情報共有を実現します。

スマートデバイスで実現するワークスタイル変革

HOPE LifeMark-WINCAREでは、多様なスマートデバイスソリューションを用意しています。介護業務にスマートデバイスを用いることで、場所と時間を選ばず入力作業や情報参照などを容易に、かつ快適に行えます。訪問系（訪問先での記録作成・印刷）、居宅介護支援（訪問先で月間スケジュールの調整・印刷）、施設・居住系（巡回しながら簡単に記録作成）、通所系（より手軽にサービス実績を登録）と、サービスごとの異なるニーズに柔軟に対応する製品ラインアップを用意しており、高いセキュリティとシンプルなユーザーインターフェイスにより、ワークスタイルの変革を支援します（印刷にはモバイルプリンタが必要です）。

統計機能の強化による介護経営の見える化

介護事業者を取り巻く経営環境が厳しくなる中、データを分析し、経営に役立てることは重要です。HOPE LifeMark-WINCAREでは、複数のサービス事業所の売上データをワンクリックで集計可能。さらに、損益の目安となるベッドの稼働状況や要介護度別の利用者数、相談情報の統計から容易にグラフなどを作成し見える化できます。例えば、訪問・通所サービスでは、サービス提供予定を基にして、売上額の予測シミュレーションを行えます。さらに、サービス提供後には、予測と実績を比較することも可能です。

情報を利活用しやすい「掲示板」と「ビューアー」

HOPE LifeMark-WINCAREの「掲示板」は、介護情報を集約し、スタッフが求める情報を、わかりやすいコンテンツとして提供します。表示するコンテンツはスタッフごとにカスタマイズが可能です。

また、「ビューアー」は、ケース記録やバイタル情報など、利用者の様々な状況を時系列に表示することにより、正確な容態把握が可能です。法人内医療機関の医師や看護師が訪問診療時や入院時に利用者情報を確認するツールとしても活用できます。

問 富士通株式会社
ヘルスケアビジネス推進統括部
第三ヘルスケアビジネス推進部
TEL ● 03-6252-2502
URL ● http://www.fujitsu.com/jp/solutions/industry/healthcare/kaigo/

職種に応じてコンテンツ内容を変更できる「掲示板」

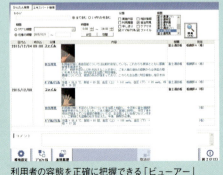
利用者の容態を正確に把握できる「ビューアー」

導入事例は26ページへ

介護システム

保険請求だけでなく、経営全般をサポートする介護ソフト「カイポケ」

株式会社エス・エム・エス

介護事業所の経営に関する業務や事務の手間を削減！
「もっと利用者と向き合いたい」その思いに寄り添います。

導入実績2万2200事業所以上！ ＊2018年7月時点

請求や記録業務を削減し、採用などのサポートも充実！

パソコンに不慣れな方でも直感的に入力できる保険請求機能だけではなく、業務記録をタブレットやスマホで作成して実績に連動させることができます。転記や実績の再入力などの煩雑な業務がなくなります。

また、求人広告の掲載から面接、採用しても無料の求人広告や、会員限定特別価格のショッピング、スマホやタブレットの格安レンタル、介護給付費の早期入金などサービスが盛りだくさんです。

利用者様のための時間が増え、行政からも注目されるサービス

記録業務に関する大量の書類と記入業務が介護事業所の中からなくなります。また、外出の多い職員さんは、事業所へ戻って書類を確認することもなく、直行直帰も実現。無駄な業務時間も軽減できるので、利用者様のために時間を使えて、職員満足度の向上もねらえます。

全国2万2200以上の事業所での導入実績（2018年7月時点）があり、会員事業所数は3年で約1.6倍！ 厚生労働省研究事業の採択案件などICT化推進のための取り組みに参画している注目のサービスです。

¥ 月額利用料金以外はかかりません！ 詳しい料金についてはお問い合わせください。

問 株式会社エス・エム・エス
介護経営支援事業部
〒105-0011　東京都港区芝公園2-11-1
住友不動産芝公園タワー
TEL ● 0120-701-654
　　（ケアビジョンを見たとお伝えください）
FAX ● 03-6777-1204
E-mail ● kosuke-hoshino@bm-sms.co.jp
URL ● http://ads.kaipoke.biz/

製品アルバム

在宅医療・訪問看護システム
AmiVoice® SBx Medical
株式会社アドバンスト・メディア

アドバンスト・メディアは、音声入力により医療従事者の業務効率化と働き方改革をサポートします。

近年のIoT技術、AI技術の進歩に伴い、AmiVoiceも進化しています。

クラウド型音声認識サービス:「AmiVoice® CLx」
いつでもどこでもインターネット環境があれば、AMIデータセンタへ接続し、自分の専用辞書を用いて、場所を選ばず、病院でも自宅でも音声入力が可能です。

モバイル型音声認識サービス(iPhone)対応:「AmiVoice® MLx」
PCのない環境で音声入力が可能となり、認識結果はiPhoneからBluetooth経由でPCへ転送することができます。

iOS版音声入力キーボードアプリサービス:「AmiVoice® SBx」
医療の専門用語を網羅し、組み込みなしでどんなアプリでも楽々音声入力が可能です。

問 株式会社アドバンスト・メディア
医療事業部
〒170-8630　東京都豊島区東池袋3-1-4 サンシャイン文化会館6F
TEL ● 03-5958-1045
E-mail ● medical@advanced-media.co.jp
URL ● https://www.advanced-media.co.jp/contact/medical/

¥ クラウド型音声認識サービス、モバイル型音声認識サービス、iOS版音声入力キーボードアプリサービスは、1ユーザ月額1500円〜。その他、従量課金制あり（お問い合わせください）。ご相談ください。

見守り（センサー）
IoT見守り支援サービス ミマモア
インフォコム株式会社

「ミマモア」は各種センサーを活用し、IoT時代の介護施設を柔軟にサポートします。

ミマモアは各種センサーを活用し、ご利用者様の状態や居室の状況を把握することができます。状況に応じてアラートを上げることにより、介護職員の『業務負荷の軽減』、ご利用者様の『安全性の向上』に貢献します。

ミマモアの特徴
- 非接触センサーでご利用者様への負担がありません。
- 介護職員向けのわかりやすく使いやすい画面です。
- 小型の機器のため介護施設への後付けが可能です。
- クラウドサービスのためサーバーの設置は不要です。

ミマモアのダッシュボード画面

問 インフォコム株式会社
地域包括ケア推進部
〒150-0001　東京都渋谷区神宮前2-34-17
TEL ● 050-3822-2308
FAX ● 03-6866-3090
E-mail ● care@infocom.co.jp
URL ● https://care-infocom.jp/

¥ 導入センサー種により、都度お見積りとなります。通常、1部屋あたり、以下の価格帯となります。
機器初期費用および設置費用：4万円〜20万円程度
月額利用料：1000円〜

見守り（センサー）
エアコンみまもりサービス連動システム
株式会社ケアコム

プライバシーに配慮しながらお部屋とご利用者の状態を見守り、異変を通知します。

ナースコールCICSS-EXは、ご利用者の安全と安心を、スタッフのゆとりの支援のため、さまざまなセンサーや見守りシステムと連動できるシステムです。

パナソニック株式会社の「エアコンみまもりサービス」と連動し、ご利用者のお部屋をプライバシーに配慮して、さり気なく見守ることができます。

- 高感度のルームセンサーが、起床時間や夜間の目覚めなど、ご利用者の活動状況を昼夜問わず検知し、お知らせします。
- エアコンみまもりサービスから緊急時のアラートを受信すると、CICSS-EX親機とPHSにお知らせし、呼出時には呼出先とともにアラートの種類を表示します。

＊エアコンみまもりサービスは、パナソニック株式会社のサービスです。

問 株式会社ケアコム
東京オフィス（代表）
〒101-0054　東京都千代田区神田錦町3-13-7 名古路ビル本館1F
TEL ● 050-3816-6300
E-mail ● sales@carecom.co.jp
URL ● https://www.carecom.jp/

構成機器イメージ

見守り（センサー）
みまもり安心サービス
パナソニック株式会社

センシング技術とAIデータ分析により、介護サービスの質向上と業務負担の軽減による人材定着率向上に貢献します。

非接触・非映像のルームセンサー
「みまもり安心サービス」は、非接触・非映像のルームセンサーがとらえる情報を分析し、ご入居者の安否確認および生活リズムを把握することができます。異常があればシステムが検知し、スタッフの端末にも通知されるため、人の少ない夜間帯においても、スタッフの見守り業務をサポートします。

睡眠傾向の把握・分析によるケアの高質化
また、人の目だけでは把握が難しい睡眠の傾向をグラフなどで可視化することが可能に。ケアプランの適正化による重度化予防やスタッフの夜間巡視効率化をはじめ、データ分析を通じてご入居者への高質なケア提供、業務負担軽減による人材定着率向上をサポートします。

問 パナソニック コンシューマーマーケティング株式会社
SE社システムエンジニアリングセンター広域営業部オペレーション課
〒140-0002　東京都品川区東品川3丁目31番8号　東品川ビルディング
TEL ● 03-5782-7903
E-mail ● support@gg.jp.panasonic.com
URL ● http://mimamori.apc.panasonic.com/

センサーでご入居者の状況を把握し、スタッフの見守りをサポート

¥ オープン価格（機器導入費と別に、サービス利用料（月額1700円/1室あたり）が必要になります）

その他
クラウドアプリ 食支援 MePORTS® (ミーポーツ)
日立ヘルスケアシステムズ株式会社

「食支援」業務を大幅に効率化するクラウドアプリ。
ミールラウンド、多職種会議入力サポート機能搭載。

　ミールラウンドを実施しながらリアルタイムに評価を入力可能としたことで、歯科医師、栄養士、看護師などのミールラウンド実施者の評価をその場で集約することができます。評価項目は選択形式となっており、各項目を選択していくことで容易に入力が可能です。入力したデータは月ごとに履歴管理しており、食支援活動によって入居者の状態（BMI、Alb値、評価）がどのように改善しているか、直感的に確認することができます。ミールラウンド、多職種会議で入力したデータから経口維持加算の算定に必要となる「経口維持計画書」の出力が可能です。Webアプリケーションの採用により、デバイス、端末を選ばずにどこでも入力、閲覧が可能です。

㉄ 日立ヘルスケアシステムズ株式会社
〒141-0031　東京都品川区
西五反田1-31-1
日本生命五反田ビル
URL● http://www.hitachi-hs.co.jp/products/solution/meports

ミールラウンド画面

介護システム
安診ネット カイゴ
芙蓉開発株式会社

AIがバイタルを解析し、異常値を早期発見
―介護の人材難をAIが解決―

　安診ネット カイゴは「現場から生まれた、真に人材難を解決するシステム」。
　介護施設での人材難は「人手不足」と「スキル不足」の2つの側面があります。安診ネットがこれらの課題に対し、AIを用いて「個人の能力差に依存しない科学的な健康管理」と「省力化」で解決します。
　自動入力されたバイタルからAIが異常値などを検知し、それをスコアリング。スコアを参考に観察密度を変えられるので、効率化しながら医療レベルの向上が望めます。熱型表・各記録物作成も自動で行われ、記録業務を省力化。介護現場の人手不足の問題もらくらく解決。
　システムを通した施設内・医療機関との情報共有、介護ソフトとしての機能も充実させ、快適な介護施設運営をサポートいたします。

㉄ 芙蓉開発株式会社
営業企画部
〒812-0015
福岡県福岡市博多区山王
1丁目10-29
TEL●092-292-9070
E-mail●kaihatsu@fuyo-group.com
URL●http://www.anshinnet.net/

介護の人材難をAIが解決

¥ 芙蓉開発株式会社までお問い合わせください。

在宅医療・訪問看護システム
医療・介護連携サービス MeLL＋（メルタス）
株式会社ワイズマン

医療と介護の情報共有と多職種間コミュニケーションを支援！
医療・介護連携サービス MeLL＋（メルタス）

　「医療・介護連携サービスMeLL＋」は、医療と介護の両サービスを提供する法人内で多職種連携をサポートする「MeLL＋professional」、自治体や医師会などの地域における複数の医療機関や介護事業所間で連携を図るための「MeLL＋community」、事業所と利用者家族のコミュニケーションを支援する「MeLL＋family」の3シリーズがあり、全国1000を超える事業所が採用しています。機能の柱は「情報共有支援」と「コミュニケーション支援」です。サービス利用実績やスタッフコメントだけではなく、カルテなどの記録も確認できます。タブレット端末からもアクセスができ、患者・利用者の状態についてその場で画像を投稿できることも特長です。

㉄ 株式会社ワイズマン
販売促進課
〒020-0045　岩手県盛岡市盛岡駅西通
2丁目11番1号
TEL●0120-442-993
E-mail●Sales@mx1.wiseman.co.jp
URL●https://www.wiseman.co.jp/

総合記録

¥ 病院、クリニック、介護サービス、地域で連携する事業所数の規模によって料金が変動いたします。詳しくはお問い合わせください。

このコーナーで取り上げた製品の問い合わせは、
各社の㉄（問い合わせ先）までご連絡ください。
また、画像とITの医療情報ポータルサイト
「インナビネット」でも受け付けています。

インナビネット
http://www.innervision.co.jp

特別企画！

2018年度
診療報酬改定・介護報酬改定と ICT・IoT・ロボット導入・活用の ポイント

経営者＆管理者必読、押さえておきたいトピックを解説！

2018年度は診療報酬と介護報酬のダブル改定の年。2025年に向けた医療・介護の体制整備が進む中で行われた今回の改定では、ICTやIoT、ロボットの活用に関しても、動きがありました。特別企画では、在宅医療、訪問看護・介護における改定内容と、ICT・IoT・ロボット導入・活用のポイントを紹介します。

介護分野におけるICTの評価・活用

星野　公輔 さん
株式会社エス・エム・エス セールス統括部 東日本エリア長、介護経営コンサルタント

はじめに

介護業界では、パソコンやタブレット、スマートフォンなどICTを導入した業務効率化が進められています。その導入や活用について、業務効率化の必要性や、制度改正での新たな評価、業務改善の具体的な内容、導入効果を解説していきます。

今後の介護経営で重要となる業務効率化

ペーパーワークが多いという指摘も多い介護業界を語る上では、「生産性の向上」や「業務効率化」は必須のテーマとなっています。しかし、まずお伝えしたいのは、このテーマが介護に限られたものではないということです。日本は、2025年に人口が1億2000万人以下となり、高齢化率も30％を超えると予想されている超高齢社会です。生産労働人口も減る中で、「生産性の向上」や「業務効率化」は全サービス産業において喫緊の課題となっています。日本の産業競争力を支えるには、一人あたりの生産性を向上させる必要があります。

具体的な施策は、国の掲げる「未来投資戦略2018」の中で、中小企業を主な対象として、2018年のさらなる生産性革命の強化として発信されています。まだ中小企業が担い手であることの多い介護業界では、特に影響の大きなメッセージと言え、ICTやロボットを導入した生産性の向上は必須になりつつあります。また、この「未来投資戦略2018」の中における「次世代ヘルスケア・システムの構築」という項目では、人数が増え需要が増す高齢者への医療や介護のサービス提供において、円滑な情報連携や先進技術を取り入れることの重要性が語られています。そこでも注目されるのは、ICT導入です。介護サービス利用者の日々の記録をデータで管理し、医療や介護、その他関係者がいつでもどこでも確認できる仕組みづくりが必要とされています。ICTの導入は、ペーパーワークが多い介護事業者にとって、生産性の向上にもつながるという点も考慮され、

2018年度診療報酬改定・介護報酬改定とICT・IoT・ロボット導入・活用のポイント

特別企画！

2018年度医療・介護ダブル改定でのICT導入の流れ

4月の介護報酬改定では、初めてロボットやICTが評価されています。具体的なポイントは2つです。まず、特別養護老人ホームなどに見守りセンサーを設置して条件に合う場合には、夜勤職員配置加算の要件が緩和されます。次に、訪問リハビリテーションや通所リハビリテーションに対して、リハビリテーションマネジメント加算の算定に必要な「リハビリテーション会議に医師が参加する」という要件が緩和され、テレビ電話やICTを活用すれば遠隔での参加でもよいことになります。

これらは、特別養護老人ホームや通所リハビリテーション、訪問リハビリテーションが主な対象で、限定的なものではあります。しかし、「人」が行わなければならなかった業務を「ロボット」が代行することを評価する点や、実際に参加しなくてはならなかった会議がデジタル機器があればその場にいなくてもよくなったという点で、革新的だと言えます。深刻になる介護業界の人材不足や生産性の向上、業務効率化を国としてもめざしていることを前提に考えると、今後はロボットやICTの導入が加速すると予想ができます。特に、手書きを軽減していくためのICTの導入や、腰痛軽減のためのロボット、利用者とコミュニケーションをとるロボットなど、行政が効果について実証実験しているものも多くあります。良いものは積極的に導入していくという事業所の姿勢も大切になると考えられます。

月間50時間以上の業務削減も！ICTの導入効果について

エス・エム・エスが提供する介護経営支援ソフト「カイポケ」は、ICTを活用したサービス提供の記録業務と介護保険の請求ソフトの機能が連動するサービスです。現在2万2200以上の事業所（2018年7月時点）で利用されるサービスの事例から、ICT導入効果について説明します。

まず、通所介護事業所が日々の記録をタブレットへ入力することによって、介護記録や業務日誌、連絡帳、請求ソフトの提供実績へ連動します。この機能によって記録業務が1/3になったという事業所があります。1日最大2時間の残業削減も実現しました。また、ヘルパーがシフトの確認や実施記録をスマートフォンで実行できる訪問介護サービスでは、記録と請求ソフトの実績が連動し、業務時間を月間50時間以上削減できた事業所もあります。看護記録をタブレットで実施できる訪問看護ステーションでは、年間200時間の業務削減を実現、利用者数も順調に伸びている事業所もあります。居宅介護支援事業所では、アセスメントやモニタリング、ケアプラン、経過記録など、ほぼすべてのケアマネジャー業務を実施できるタブレットで、法人内に16人いるケアマネジャー全員が直行直帰を実現している事業所もあります。

もともと、記録業務や作成帳票が多い介護事業所の業務において、ICT導入は業務時間削減の効果が出やすいです。その上、過去の記録などを書類から探すのではなく、すぐにタブレットから確認できることの手軽さや、職員間や多職種間での情報連携も楽になるという声も多く聞きます。

ICTの導入により実現する職員定着

ICTの導入により業務効率が上がり、業務時間が削減されることや書類の量が減ることなどはイメージがしやすいのですが、もっと広い効果があるという声も聞きます。経営者や管理者、職員それぞれにとっての効果を説明します。

まず経営者は、日々の実績や売り上げがデータでいつでもどこでも確認でき、安心経営につながります。紙で管理している介護事業所は、売り上げなどについて月次での集計しか行っていない場合も多く、日々の進捗を簡単に確認できるようになるだけでも経営面での大きな改善につながります。また、本来介護サービスを提供したいということで入職している管理者や介護職員にとっては、書類を記入する業務や書類を集めるなどの管理業務が減り、利用者のために時間を使えるようになります。ICTを導入した結果、職員自らが提案して外出レクリエーションに力を入れるようになったという通所介護事業所もあります。利用者のためのサービス提供が実現できて、職員満足度も上がったという事例も多くうかがうようになりました。そして、ICTを使うことで、写真・動画を使ってより具体的な報告や相談ができるようになるのは大きな改善です。特に、多職種の関係者との情報連携のストレスが軽減できます。介護従事者にとって苦手意識の強い医療従事者とのコミュニケーションなども取りやすくなり、安心感につながっていきます。

このように、ICTを導入した業務効率化は、業務時間の削減はもちろん、幅広い効果があると言えます。しかも、制度改正の流れにおいても評価が強まると予想されるため、早期導入を勧めます。

星野　公輔 さん
「介護経営を向上させる」ためのセミナーに自身も数多く登壇しながら、各方面での著名な講師のセミナーおよび各種イベントのプロデュースも手掛け、年間150回以上を実施する。制度改正および介護業界のICT化事情に精通。

在宅医療分野におけるICTの評価・活用

大西　大輔 さん
MICTコンサルティング株式会社 代表取締役

はじめに

2018年4月の診療報酬・介護報酬改定は、わが国が今後直面する超高齢社会、労働人口減少社会を踏まえて、医療介護の情報共有、働き方改革（生産性の向上）の観点から、ICTやロボットの活用に注目した内容が盛り込まれています。そこで、今回は診療報酬・介護報酬改定における在宅医療分野のICTなどの評価について解説します。

在宅医療の裾野の拡大

2018年度の診療報酬改定では、「質の高い在宅医療の確保」という項目の中で、現在の在宅医療の提供体制では、在宅療養支援診療所（在支診）以外の医療機関の訪問診療（裾野の拡大）が必要である一方、かかりつけ医機能の一部として在宅医療を提供するには24時間体制の確保が負担であることが指摘されました。

そこで、在支診以外の診療所が、ほかの医療機関との連携などにより24時間の往診体制などを確保し、かかりつけの患者に対し訪問診療を行う場合の評価を新設することで、「複数の医療機関の連携による24時間体制の確保」の実現を推進することが挙げられました。また、在宅医療における中心的な収益源である在宅時医学総合管理料（在医総管）について、機能強化型在支診以外の医療機関が月1回の訪問診療を行う場合の評価を引き上げています。

さらに、内科と皮膚科、内科と精神科といった、在宅医療でメインとなる診療科以外の在宅医療への取り組みを推進するため、2か所目の医療機関による訪問診療の評価、複数疾患を有する患者などに対して、在宅の主治医の依頼を受けたほかの医療機関が訪問診療を行った場合の評価を新設しています。

一方、訪問診療を必要とする患者の多くが複数の疾患を有しており、在宅医療ニーズは年々多様化・高度化が進んでいるとの指摘を受けて、在医総管などについて、重症患者以外であって、特に通院が困難な患者などに対する加算を新設することで、患者の状態に応じたきめ細やかな評価がされています。

医療と介護の連携の推進

今改定は、6年に一度の医療と介護の同時改定であり、2025年の完成をめざす「地域包括ケアシステム」を進めるために、医療と介護の連携について重点的な評価が行われています。

特別養護老人ホームの入所者に対するターミナルケアを含む訪問診療・訪問看護の提供の評価を充実させるとともに、訪問診療を提供する主治医から居宅介護支援事業者への情報提供を推進、末期のがん患者については、主治医の助言を得ることを前提に、ケアマネジメントプロセスを簡素化するとともに、主治医に対する患者の心身の状況などの情報提供を推進しています。

医療機関間、医療と介護の情報共有のためのプラットフォームの構築が必要

今改定の内容からも明らかなように、今後増え続ける在宅医療ニーズに対応するためには、在支診以外の医療機関の積極的な参加が必要不可欠です。そのためには、在宅医療で医療機関同士、そして医療と介護のメンバーがゆるやかなチームをつくることが大切です。

このチームを支える基盤として、患者の対応記録などの情報を切れ目なくつなぐ、「プラットフォーム」の構築が重要になってきます。それには、現在のところ電子カルテの在宅オプションや在宅医療システム、多職種間連携システムなどを活用して、いつでも、どこでも患者の情報に相互にアクセスする仕組みが必要不可欠となります。

このプラットフォームの構築には、所属を異にする多くのメンバーの参加が必要となるため、どうしても連携会議で合議制で進めていく必要があり、構築に時間を要してしまいます。そこで注意点ですが、連携する情報に優先順位をつけ、例えばリアルタイムで連携したい情報と、後からでも問題ない情報に分けるなど、最初から完全な過不足のない情報連携をめざすのではなく、スモールスタートから始めていくことが大切ではないかと考えます。

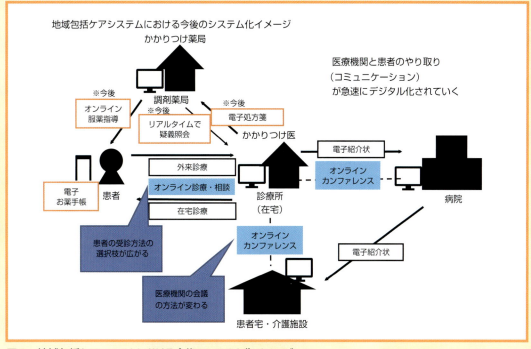

図1　地域包括ケアシステムにおける今後のシステム化イメージ
現在、実現していない部分は赤枠で囲んでいます。5年後の未来をイメージして作成
出典：MICTコンサルティング作成

ICTの導入により実現する職員定着

　現在、医療と介護の連携の観点から、リハビリテーションについては急性期ならびに回復期を医療が担い、維持期を介護が担うという役割分担が進められています。それに伴い、医療と介護のスムーズな情報連携が図れるようにと、さまざまな改定が行われました。

　医療と介護の橋渡しを行う「リハビリテーション計画書」については、医療・介護の双方で使用可能な計画書の共通様式を整備し、この様式を用いて医療機関から介護保険のリハビリテーション事業所に情報提供した場合を評価しています。さらに、医療保険の疾患別リハビリテーションを担う医療機関において、介護保険の維持期・生活期のリハビリテーションを一貫してできるよう、医療と介護のリハビリテーションスタッフの兼務を認めるなど、人員配置などに係る施設基準を緩和しています。

　介護報酬の「リハビリテーションマネジメント加算（Ⅱ）」を算定する要件として、医師が利用者またはその家族に対し、リハビリテーション計画の内容などについて、リハビリテーション会議で説明し、同意を得ることが必要とされています。しかしながら、日々忙しい医師が同会議に出席することが困難なことや、医師からの説明時間を確保できないことなどから、この加算を算定できないという意見がありました。そこで、医師の参加について、従来の一堂に集合しての対面から、「テレビ電話等（携帯電話でのテレビ電話も含む）」での参加を認めています。この見直しにより、同加算が算定しやすくなるとともに、同会議が積極的に行われるようになることで、医療と介護の間のスムーズな情報連携が行われることが期待されています。

ICTの活用でコミュニケーションのハードルが下がることに期待

　今改定では、遠隔（オンライン）診療の評価にあるように、テレビ会議などを用いたコミュニケーション手段の利用がさまざまな分野で認められました。患者と医師をつなぐオンライン診療、医師と関係職種をつなぐオンラインカンファレンスなど、ICTの特性である、距離と時間を限りなくゼロにする効果が期待されているのです**（図1）**。在宅医療の現場では、いまだやりとりは電話やFAXが主流ですが、その対応に追われる医師を多く見かけます。今回の規制緩和により、ICTが活用されることで、少しでもコミュニケーションのハードルが下がり、負担の少ない適切なコミュニケーション方法が構築できることを期待しています。

大西　大輔 さん
過去2000件を超える医療機関へのシステム導入の実績から、医師会、保険医協会などを中心に講演活動および執筆活動を行う。

特集2

知っておきたい

地域包括ケアとICT活用

ICTでつながる医療と介護のこれから

団塊の世代が75歳以上となる2025年に向けて、地域包括ケアシステムの構築が進められています。特集2では、地域包括ケアをわかりやすく解説。さらに、ICTを活用した地域包括ケアシステムの事例も紹介します。

地域包括ケアシステムとICT活用

小笠原映子 さん
高崎健康福祉大学保健医療学部看護学科在宅看護学教授

地域包括ケアシステムの目的・経緯

　地域包括ケアシステムとは、介護が必要になった高齢者が住み慣れた自宅や地域で「自分らしい暮らし」を人生の最期まで続けられるように、「医療・介護・予防・生活支援・住まい」のサービスを一体的に受けられることを目的とした支援システムです。団塊の世代が75歳以上となる2025年以降は、医療や介護を必要とする高齢者の増加が見込まれています。疾病を抱えていても、住み慣れた生活の場で療養し、「自分らしい暮らし」を継続するためには、個々のニーズに合わせた医療・介護サービスを提供する仕組みが必要です。

　急速な高齢化は、医療のあり方にも変化をもたらしています。これまでは病院という場で、病気を治すことを目標とした「病院完結型医療」が提供されていましたが、地域包括ケアシステムにおいては、地域という場で、病気や障害があっても医療・介護サービスを受け、「自分らしい暮らし」を維持する「地域完結型医療」への転換が求められています。したがって、治療が必要な時期には、急性期病院に入院となりますが、治療後は、回復期病院または施設や在宅へと、状態により療養・生活の場を移行するようになります。これは、サービスを利用する高齢者のQOL（Quality of Life：生活の質、生命の質）の維持・向上をめざしていますが、同時に社会保障財政の観点から医療・介護の資源を効率的に利用し、必要なサービスを将来にわたって確実に確保するためにも必要です。このように、医療そのものが変わらなければならない転換期に来ています。

在宅療養を支える在宅療養支援診療所、訪問看護ステーション、介護施設の役割

1. 在宅療養支援診療所

　在宅で医療を必要としながら療養生活を送る患者を医療面で支える中心的な役割を担うのが在宅療養支援診療所です。この診療所は、医師などが患者やその家族に24時間体制で対応し、緊急時においては連携する医療機関への入院につなげるなど、必要に応じて病院、薬局、訪問看護ステーションなどとの連携を図ります。

2. 訪問看護ステーション

　訪問看護ステーションには、医療・介護の両面を支える役割があり、医療的ケアや介護を必要とする利用者に対して、病気や障害に応じた看護を提供します。医師の指示の下、病院と同じように疾病や障害の管理を行い、介護支援専門員や介護職と連携を図りながら、利用者のニーズに沿った療養方法、家族の介護力に合わせた介護方法を提案し、利用者のADL（Activities of Daily Living：日常生活動作）の向上や家族の介護負担の軽減を図ります。

3. 介護施設

　介護施設にはさまざまな種類がありますが、介護保険で利用できる入所施設として、「介護老人保健施設（老健施設）」「介

護老人福祉施設(特別養護老人ホーム)」などがあります。「介護老人保健施設」は、病院と在宅の中間施設として、介護を必要とする利用者の自立を支援し、家庭への復帰をめざすためリハビリテーションなどを提供します。また、施設が提供するサービスには、家族介護者が病気などの理由により介護を行うことができない場合や、家族がレスパイト(休息)を必要とする場合に対応する「短期入所生活介護」「短期入所療養介護」といったショートステイなどがあります。これらのサービスは、利用者の心身機能の維持・向上と家族の介護負担の軽減を図ることから、地域包括ケアシステムにおいて重要です。

地域包括ケアシステムにおけるICT活用の有用性と課題

地域包括ケアシステムは、利用者のニーズに応じてサービスを組み合わせ一体的に提供する支援システムであるため、多職種が連携・協働する必要があります。また、利用者は状態により、病院、施設、自宅など、療養・生活の場を移行しますが、切れ目のないサービスを提供するためには、医療・介護サービスを提供する関係者、関係機関で情報を共有し、連携を図ることが求められています。しかしながら、地域でサービスを提供する事業所の多くは小規模事業所であることから、病院のような電子カルテではなく紙媒体の記録用紙を使用している場合が多く、記録については、訪問中にメモし、事業所に戻りメモを参考に訪問記録を作成し、訪問記録を基に報酬請求にかかわる内容は専用のパソコンに入力するなど、転記作業の多さが課題とされています。また、多職種との情報共有や連携には、利用者宅で保管する「連絡ノート」や「電話・FAX」などが用いられていることが多く、「連絡ノート」は手書きによる情報伝達の煩雑さ、記録に費やす時間的負担、「電話・FAX」はタイムリーに連携がと

れないなどの課題があります。

これらの課題に対し、ICTを活用することで、業務の集約化、効率化を図ることができます。記録については、訪問時または訪問の合間にタブレット端末を用いて入力することで記録作業が完結します。また、タブレット端末に入力された内容が報酬請求に反映するシステムであれば転記作業が減少します。さらに多職種との情報共有や連携においても必要な情報をタイムリーに共有することができます。ICTを活用し、多機関・多職種との情報共有の効率化、記録の時間短縮化を図り、本来、行うべきケアに専念できる体制をつくることが喫緊の課題です。

情報共有の内容については、病名、検査結果、治療内容などの医療情報やEBM (Evidence-based Medicine: 根拠に基づいた医療) に関する情報は病院で利用している電子カルテのノウハウを活用できますが、「自分らしい暮らし」を重視する地域包括ケアシステムでは、利用者の思い、家族との関係性など、NBM (Narrative-based Medicine: 物語に基づいた医療) に関する情報も医療職、保健福祉職など多職種で共有する必要があります。しかしながら、NBMに関する情報は定型化が難しく、また、経過が長期にわたる利用者については、記録として残したとしても重要な情報が日々のさまざまな記録の中に埋もれてしまう可能性があります。これから求められる地域完結型医療に対応するためには、ICTを活用しながら、これまでの方法にとらわれず、EBMとNBMの情報を整理して記録・共有できる新しい仕組みをつくり上げていくことが必要となります。

小笠原映子 さん
聖路加看護大学看護学部卒業、群馬大学大学院保健学研究科修了 (保健学博士)。聖路加国際病院などに勤務した後、群馬大学、群馬パース大学、新潟大学を経て、現在、高崎健康福祉大学保健医療学部看護学科教授。

埼玉利根保健医療圏が進める市民・地域による支え合いネットワーク「とねっと」

中野　智紀 さん

社会医療法人ジャパンメディカルアライアンス東埼玉総合病院糖尿病代謝内分泌科・地域糖尿病センターセンター長、
北葛北部医師会在宅医療連携拠点菜のはな室長

地域医療ITネットワークシステム「とねっと」

2009（平成21）年度、埼玉利根保健医療圏は、全国的にも最低水準の医師数などを背景に地域医療再生計画の対象地域の一つに選定され、われわれが知る限り全国で最初の二次医療圏単位での地域EHR（Electronic Health Record）構築へ向けた検討が始まりました。

利根保健医療圏内の郡市医師会や基幹病院、保健所、7市2町の行政機関による協議会が設置され、小生は事務局を担当させていただいています。2018（平成30）年度からは、歯科医師会や薬剤師会も参加してくださっています。

2012（平成24）年4月、地域医療ITネットワークシステム「とねっと」の稼働を開始し、2018年8月現在、臨床検査センターを含む143施設の保健医療機関と、約3.1万人を超える二次医療圏内の住民がとねっとに加入登録しています。

介護、福祉の情報も記録できる「とねっと健康記録」

2018年4月からは、主にPHR（Personal Health Record）のとねっと健康記録を機能強化し、EHR（とねっと）から物理的に切り離した上で相互の情報連動性を確保しました。これにより、とねっと健康記録は健康情報だけでなく、個人の生活や介護、福祉の情報を記録

したり、近い将来には、ほかの有料サービスを活用したりと、これまで以上に活用の幅が広がることとなりました（図1）。こうしたシステムの包括的な運用方法は、われわれが知る限り全国で最初の取り組みです。

とねっと健康記録とは、EHRの情報と相互に連動した電子版お薬手帳であり、電子版地域連携パスでもあります。救急情報や健診レベルの検査結果項目などの参照も可能です。さらに、システム更新後の新しいとねっと健康記録では、日常生活上の変化などを文章や写真で日記として記録することができる「ライフログ」機能を実装しました。地域包括ケア時代の情報共有ツールとしての可能性が注目されています。さらに、「マイカルテ」機能を活用すれば、日々家族で

測定する血圧や体重、血糖値、歩数、あるいは食事記録などを格納し、診察の際に医師と共有することもできます。もちろん、項目ごとの公開設定も可能です。これらの健康データは、おサイフケータイなどの近距離無線通信規格のNFC（Near Field Communication）を採用したスマートフォンや血圧計などから、自動入力することもできるようになりました（図2）。

さらに、「登録情報」機能では、医療介護、福祉などあらゆる情報を記録、保存することができます。例えば、作成したアドバンス・ケア・プランニング（Advance Care Planning）を保存することで、人生最終段階における医療に活用したり、介護側の情報を記録しておくことで、発病時に医療機関との入

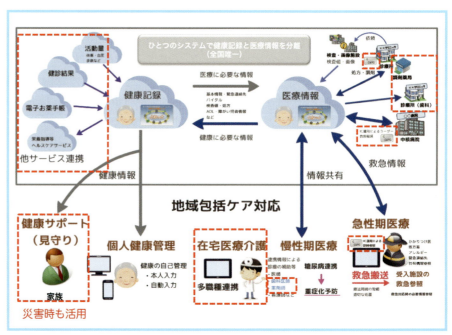

図1　2018年度から稼働した新とねっと

図2　暮らしと健康を記録するとねっと健康記録

退院支援にも活用することもできます。

広がり、進化し続ける とねっと

2018年度のシステム更新からは、災害時にも活用することが想定されており、平時から連続した災害時システムとして運用を検討する予定です。

近年、地域包括ケアでは、SNS（Social Networking Service）のような施設や職域を越えたコミュニケーションを支援する機能が有効であることが指摘されており、2018年度のシステム更新からは、「MedicalCareStation（MCS）」（日本エンブレース）をとねっとと統合する作業を進めています。

とねっとは救急システムを実装しており、利根医療圏内で稼働しているすべての救急車にタブレット端末を配置し、救急時の情報共有に活用されています。2014（平成26）年4月からは、埼玉県の救急情報システムと相互接続も実現しています。これにより、医療機関の受け入れ状況と、詳細な患者情報の双方を活用し、救急搬送がさらに迅速化されることが期待されています。杉戸町で行われた調査では、とねっと加入者が救急搬送された際、とねっと内の情報を活用して搬送に結びついた事例の割合は8割を超えていたことが報告されています。

最近では、とねっとを活用した専門職や住民の社会問題解決へ向けた取り組みが活発になってきています。久喜市の済生会栗橋病院では、同院を中心とした小児救急の地域連携を推進する研究会において、医師や救急隊が中心となり、とねっとを小児アレルギー対策のツールとして普及させようという取り組みがすでに始まっています。幸手市のある保育園では、小児アレルギーを持った園児の救急時の対策として、とねっとの積極的な活用を行っています。

地域のさまざまな健康増進にかかわる人たちにも、とねっとの活用が広がってきています。杉戸町のNPO法人では、とねっと健康記録の使い方を学ぶセミナーを開催し、市民の健康意識の向上とICTリテラシーの向上をめざす取り組みを行いました。

また、幸手市にある高齢者の居場所づくりを目的としたコミュニティカフェでは、ICTが苦手な高齢者のために、とねっとの活用を支援する見守りサービスの提供を始めています。そのほか、認知症徘徊問題、薬局によるポリファーマシー問題解決などに、とねっとの多様な機能を活用する取り組みが広がっています。

最後に

最後に、幸手市の住民である福島朱実さんから寄せられたコメントを紹介させていただきます。

「新とねっとになって健康記録を利用してみて、とても身近に感じられるようになりました。血圧や体温などを日々登録しておくことで、診察の際に普段の生活との変化を医師や看護師に伝えやすいと感じています。従来の仕組みに加え、歯科の情報や薬局とも連携されることで、よりいっそう安心な医療サービスを受けることができるように思います。また今後は、医療と介護の両方が必要になっていくときにも、より良いサービスを受けるには、とねっとが活用されるのではないかと期待しています。自分の記憶には限界があり、あいまいな情報を伝えるよりもデータとして共用できれば安心です。体験談ですが、数年前に救急隊にお世話になり、既往歴や服薬などを口頭で伝えるのが辛かったのを覚えています。まずは、身近な人に、とねっとでどんなことができるのかを伝え、それが安心・安全につながればと感じています」

中野　智紀 さん
2001年獨協医科大学卒業。東埼玉総合病院地域糖尿病センター長。埼玉医科大学非常勤講師、糖尿病学会認定指導医・専門医、とねっと協議会事務局、第5回プライマリケア連合学会地域ケアネットワーク優秀賞受賞。とねっとはNHK時論公論にて取り上げられた。

柏市で進むICTを使った長寿社会のまちづくり

木村　清一 さん
東京大学高齢社会総合研究機構客員研究員（元・柏市保健福祉部長）

柏市で進むICTを使った長寿社会のまちづくり

　身近に迫る超高齢・長寿社会に対応した「新たなまちづくり」を進めようと、2010（平成22）年5月に千葉県柏市とUR都市機構と、東京大学の3者が協定を結び、いわゆる「産学官が一体となった取り組み」を始めました。このプロジェクトのコンセプトは、「住み慣れた場所で自分らしく老いることのできるまちづくり：Aging in Place」の提案と実践にあります。

　このプロジェクトの「まちづくり方針（あるべき姿）」は、第1に、いつまでも在宅で安心した生活が送れるまち、第2に、いつまでも元気で活躍できるまち、の2つのプランです。これらの方針を実現するため、①地域包括ケアシステムの具現化に取り組むこと、②高齢者の生きがい就労の創成に取り組むこととしています。つまり、たとえ独り暮らしで虚弱になったとしても、住み慣れた地域で暮らすことができ、いつまでも元気に活躍できるまち柏市をつくろうとしているのです。そこで、第1のプランについて紹介します。

地域包括ケアシステムの実現を図る取り組み

　第1のプランである「地域包括ケアシステムを実現させる」ための施策として、在宅医療推進システムの構築を核にした10の事業を掲げて取り組んできました（図1）。

　在宅医療に対する負担を軽減するバックアップ体制構築として、在宅医療にかかわる主治医と副主治医の相互補完システム（事業②）や、緊急増悪時に24時間対応する病院の短期受け入れベットの確保（事業⑧）、医師による在宅診療をしっかりとサポートする24時間対応の訪問看護と訪問介護の充実（事業④）、多職種がお互いに知り合い協力し合って医療・介護のサービス提供体制をつくるための人間関係づくり（事業⑤）、在宅医療を行う医師の増加策と資質の向上を図るシステムとして、在宅医療の連携研修プログラムと多職種が連携しながらサービスを提供するためのプログラムの開発（事業③）、在宅医療・介護の情報共有システムを開発してICTによる携帯端末の活用を図り、在宅医療・ケアにかかわる多職種チーム形成と連携をバックアップ（事業⑥）、市民に対する医療の相談と啓発を進める取り組み（事業⑨）、具体的な在宅医療・介護・生活支援を提供するサービス付き高齢者住宅のモデル設置（事業⑩）、そして、前述した事業を効果的に実施する中核的な拠点となる地域医療拠点施設「柏地域医療連携センター」を整備（事業①）したところです〔この取り組みについては『地域包括ケアのすすめ：在宅医療推進のための多職種連携の試み』（東京大学出版会）を参照〕。

事例検討から生まれたICT情報共有システム

　在宅患者や家族から、「さまざまなサービスが入ってくれて助かるけど、体のことなどそれぞれから同じことを聞かれるので大変」「入院していた病院の情報を、訪問の先生は引き継いでくれているかし

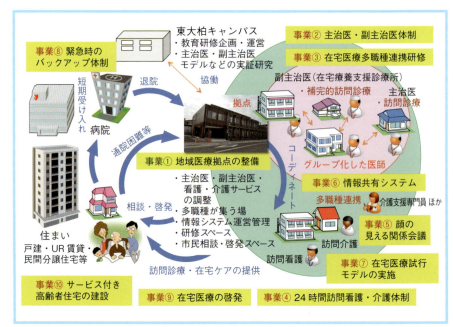

図1　地域包括ケアシステムをめざす各事業

特集 2 知っておきたい地域包括ケアとICT活用

図2　情報共有システムの構築

図3　関係者間での患者情報の共有

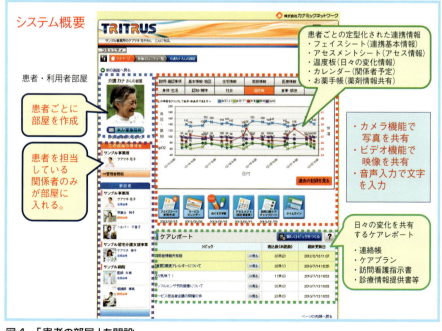

図4　「患者の部屋」を開設

ら？」などの"声"が寄せられたことが契機となり、医療・介護情報共有システムの開発につながりました。2011年11月から2014年3月まで、医師をはじめ看護師やケアマネジャーなど多職種専門職員総勢70名を超えるモデル的試行事例検討会（隔月開催）で具体的なシステム開発が行われ、2014年4月から本格稼働となりました(図2)。

チーム形成と連携の役割
～ID登録者1327名～

この情報共有システムは、愛称を「カシワニネット」と呼び、2018年3月末現在でID登録取得者数1327名、事業者数383となり、職種別にID・パスワードの保有状況を見ると、介護支援専門職員が一番多く271名で、柏市内の介護支援専門職員総数が335名ですから、8割を超える状況にあります(図3)。次いで看護師、介護職の順に多く登録されています。また、柏市で開発したこのシステムは、現在のところ国内において1000か所以上で導入・普及してきているようです。やはり、このシステムは、医師をはじめとする毎回70名以上の多職種専門職が参加して検討を重ねたものだけに、そのコンセプトどおり、「医療や介護の機関団体やサービス種別を超えた情報共有システムを構築しながら在宅医療・ケアに係る多職種チーム（ネットワーク）形成と連携を容易にして、提供するサービスの質を高める」役割を果たしています。

在宅生活を支える
「患者の部屋」の開設

システム稼働から今日まで在宅医療・介護の関係者のみがアクセスできる「患者の部屋」の開設状況は、2014年度76件。2015年度が59件。2016年度が74件。2017年度が121件であり、徐々に増加してきています(図4、

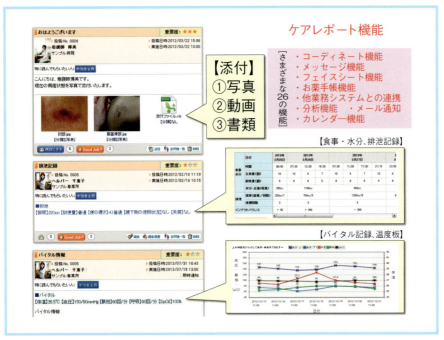

図5 「患者の部屋」からケアレポートを利用

図6 情報共有システムの活用を推進

運用しながら進化する
ICT情報共有システム

　一方、ID・パスワード登録者が1327名と、1000名を超えてきていることから、これまで実施している初めて登録した専門職を対象とする「初級者研修会」や、個人情報の取り扱いと事例に基づく「個人情報研修会」を通じ、職能団体ごとに"カシワニネット"活用の推進を図っています(図6)。

　例えば、①薬剤師会を対象とした、訪問薬剤師への研修カリキュラムの内容にICT利用を入れる、②介護支援専門員協議会や訪問看護ステーション連絡会の「部屋」をシステム上に構築して、全員で活用する取り組みが非常に有効であることから継続させるなど、説明会や研修を行い、効果的なシステムの利用促進を図る取り組みが順次進められています。

　柏市は、ICTを活用した在宅医療・介護の連携体制を核に据えて、市民主体の支え合いによる生活支援体制づくりとフレイルチェック2025運動とが新たに加わり、総合的な取り組みを行政と市民と事業者（産学官）の協働事業として進化しています。いずれの取り組みにもICTの活用を推進しているところです。めざすのは、"柏市における真の地域包括ケアシステムの実現"なのです。

図5)。また、患者1件あたり平均利用事業所数を見てみると、5事業所以上で推移してきており、システム開発の当初のねらいどおり、「チーム形成と連携による適切なサービス提供体制」が実現されていることを物語っています。

　このシステムの運営管理については、柏市が設置する柏地域医療連携センターに勤務する柏市保健福祉部地域医療推進課の職員が直接担当しています。市民の個人情報を扱うことから「柏市個人情報保護審議会」の承認を経たことは言うまでもありませんが、実際にシステムを利用する患者やその家族への内容の説明と利用の承諾を担当職員が訪問して行い、「患者の部屋」開設に結び付けているのです。当然、医師をはじめとする多職種専門職のチーム形成やサービス提供体制づくりと並行して行われているきわめて重要な業務です。

木村　清一 さん
1950年茨城県生まれ。1974年に千葉県柏市役所入庁。健康推進課長、高齢者支援課長を経て、2008年に保健福祉部長。2008年3月に柏市退職。同年4月から東京大学高齢社会総合研究機構に勤務。現在、客員研究員。地方自治体の果たすべき役割を求め、①市民との協働、②市民活動支援、③人材育成、④財源確保など長寿社会のまちづくりとして地域包括ケアシステムの実現、高齢者が生き生きと活躍できるまちづくりに取り組んでいる。